会计学基础实训教程

主　编　何劲军　李文成

副主编　杜家和　杨懿杰

北京理工大学出版社
BEIJING INSTITUTE OF TECHNOLOGY PRESS

内 容 简 介

本实训教程与《会计学基础》教材配套，共分 3 个部分，13 个单项实训项目与 1 个综合实训项目，每个实训项目包括基本理论知识和操作实训两大部分，以最新的企业会计准则、税法为依据设计。第一部分是基础理论知识，主要包括会计基础工作规范和会计核算流程规范。第二部分是单项实训，包括会计凭证填制和审核、会计账簿登记与会计报表编制。第三部分为会计综合模拟实训，内容包括原始凭证的填制，原始凭证的审核，记账凭证的填制，记账凭证的审核，日记账的登记，总账和明细账的平行登记以及编制会计报表等内容。

本教程以会计实际工作中最新的各种票据为模板，按照会计工作中常见的各类经济业务进行操作训练，结构合理，重点突出，可操作性强，主要适用于成人教育会计专业的本科、专科学员。

图书在版编目（CIP）数据

会计学基础实训教程/何劲军，李文成主编．—北京：北京理工大学出版社，2019.11
（2022.1重印）

ISBN 978 - 7 - 5640 - 6113 - 5

Ⅰ．①会…　　Ⅱ．①何…　②李…　　Ⅲ．①会计学 – 成人教育 – 教材　　Ⅳ．①F230

中国版本图书馆 CIP 数据核字（2019）第 277360 号

出版发行 / 北京理工大学出版社有限责任公司
社　　　址 / 北京市海淀区中关村南大街 5 号
邮　　　编 / 100081
电　　　话 / （010）68914775（总编室）
　　　　　　（010）82562903（教材售后服务热线）
　　　　　　（010）68944723（其他图书服务热线）
网　　　址 / http：//www.bitpress.com.cn
经　　　销 / 全国各地新华书店
印　　　刷 / 唐山富达印务有限公司
开　　　本 / 787 毫米×1092 毫米　1/16
印　　　张 / 13.25　　　　　　　　　　　　　　　　责任编辑 / 多海鹏
字　　　数 / 312 千字　　　　　　　　　　　　　　　文案编辑 / 孟祥雪
版　　　次 / 2019 年 11 月第 1 版　2022 年 1 月第 3 次印刷　　责任校对 / 周瑞红
定　　　价 / 38.00 元　　　　　　　　　　　　　　　责任印制 / 李志强

前　言

　　随着社会经济的发展与科学技术的进步，特别是近年来的自动化技术和人工智能逐渐进入会计行业，对会计工作产生了深远的影响。然而，对于会计学原理的初学者来说，在学习会计理论基础知识的同时，还需要加强对会计业务处理流程的感性认识。但是，企事业单位会计工作的敏感性，使得大多数会计初学者不能亲临企事业单位对会计业务处理流程进行感性认识。《会计学基础实训教程》则是为了拉近会计基础理论与会计实务工作的距离，加深对会计基础理论的理解，培养会计操作基本能力，也是验证并掌握会计基本原理的一种有效的教学过程，同样也是检验会计基础知识掌握程度的一种方式。会计学基础实训教程作为一门实践性、操作性较强的教程，是对会计学基础课程内容的进一步完善和补充。为增强会计初学者对会计基础知识的感性认识，掌握会计基本操作技能，弥补理论教材的局限性，解决学员对会计理论学习产生的疑惑，编者根据多年从事会计教学、实训指导以及企业调研经历和体会，编写《会计学基础实训教程》，作为《会计学基础》（石雄飞、李文成主编，西南财经大学出版社出版）的配套教程。

　　本教程突出了仿真性、实用性、可操作性，具有以下几个特点：

　　1. 规范性。从填制原始凭证开始，到记账凭证的填制、汇总、账簿登记和会计报表编制的全过程设计均按照财政部 2019 年修订的《会计基础工作规范》要求进行。

　　2. 代表性。本教程所选的经济业务具有代表性，所选用的原始凭证均为银行、企业在用的真实单据样式，能让学员日后走上会计工作岗位减少陌生感。

　　本教程适用于成人经济管理类专业有关会计学基础、会计学原理、基础会计及会计学课程的实训，也可作为会计初学者自学用教程。

　　由于水平有限，书中错误之处在所难免，敬请读者指正！

编　者

目　录

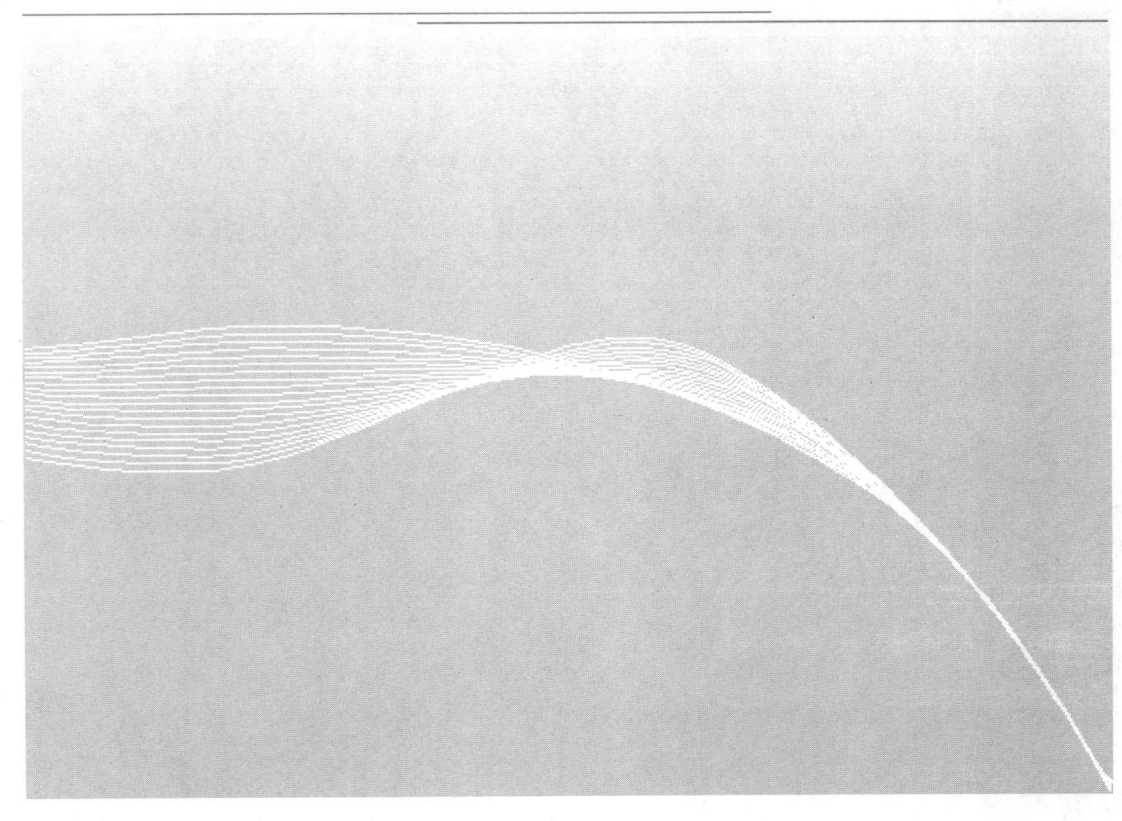

第一篇
基础理论知识

第一章

会计学基础实训概述

第一节 会计学基础实训的目的和任务

一、会计学基础实训的目的

会计学基础实训教程是一门实践性和系统性较强的课程，它是在会计学基础课程的基础上开设的实训课程。会计学基础是管理类专业的重要专业课程之一，该课程主要介绍会计学的基本理论、基本方法和基本操作技能，要求学员在学习时不仅要掌握会计核算的各种基本原理和基本方法，而且要掌握会计核算的基本程序、会计工作基础操作规范和各种实际操作技能。

开设会计学基础实训教程课程主要是使学员全面掌握会计工作操作规范，培养学员对企事业单位一般经济业务的会计核算能力和编制主要会计报表的基本能力，加强学员对会计主体经济活动的初步职业分析和判断能力，进而使学员加深对会计基本理论的理解与应用，加深对会计核算的基本程序和实际工作内容与实质的认识，提高会计的实际操作技能，形成会计责任观念，为进一步学习专业会计知识奠定坚实的基础。

二、会计学基础实训的任务

1. 满足社会需要，实现人才培养的目标

随着我国社会主义市场经济的进一步发展和完善，社会需要一大批综合素质高的财会人才。对此，高校要培养高素质的财务人员，必须着手培养学员四个方面的知识和能力：

第一，具有良好的思想道德品质和较强的工作责任心；

第二，具备扎实的专业理论知识；

第三，具有一定的工作实践能力；

第四，具有创新能力和发展能力。由于财会专业人员是社会需要的能在复杂情况下灵活务实地运用专业知识并不断创新的专业技能型人才，因而高校主要通过技能训练来培养学员对理论知识的掌握与运用，不断加强对学员的实践能力和创新能力的培养。

2. 理论联系实践，加深对理论知识的理解

对于会计专业的学员，各高校主要是由专业老师组织学员到企事业单位实习，实现理论与实践相结合。这种做法尽管在一定程度改善了学员理论知识与实践相脱离的状况，但也存在以下三个难以解决的问题：

一是一般企事业单位财会部门的办公室面积有限，一般一家单位只能容纳 3 人左右。另外，要安排所有学员实习，实习单位数量必然要求较多，较少的专业指导老师通常指导不过来，往往顾此失彼，影响学员的实习；

二是由于学员实习点太多，经费支出较大，在各校实习经费有限的情况下，到企事业单位顶岗实习一般难以顺利开展；

三是由于学员在校期间只是学习专业理论知识，没有系统掌握会计基本操作技能，因此企业会计人员不敢大胆放手让学员实际独立操作，一般只是让学员看凭证、账表，使实习变为现场观摩或参观，因而达不到理想的实习效果。

为了克服以上难题，将会计基本理论更好地与实践联系起来，锻炼和提高学员的基本技能，目前各高校都建立了相应的会计实验室。建立实验室的目的是模仿企业的实际业务，加强训练，将学员转换成会计人员角色进行操作训练。通过一系列的仿真模拟实训，学员可以更加牢固地掌握理论知识，进而提高实际动手能力。

3. 通过实训，提高学员的会计基本操作技能

在开展实训时，学员是在专业老师选定的实训教材和相关资料下进行实训的，无论是根据经济业务填制原始凭证，还是根据原始凭证编制记账凭证、登记账簿和编制会计报表等各个实训环节，都严格按照《会计基础工作规范》的有关规定进行操作。例如，填制支票时，严格按照银行结算办法的要求填写；填制会计凭证的字迹要清晰、工整，不得潦草；登记账簿时，应将会计凭证的日期、编号、业务内容、摘要、金额和其他有关资料逐项填入，认真做到数字准确、摘要清楚、登记及时。另外，在登记账簿时，对账簿中的文字和数字的书写都有严格的规范要求。如阿拉伯数字一般只占行距的 $1/2 \sim 2/3$ 等。对于这些会计基本操作技能，都要通过严格的训练才能掌握和提高。

4. 通过会计实训，着力培养学员良好的工作作风和职业道德

众所周知，财务部门是企事业单位中非常重要的部门，是单位的财务信息中心。财务人员应具备良好的专业知识与职业道德，这就要求财会人员恪守"爱岗敬业、诚实守信、廉洁自律、客观公正、坚持准则、提高技能、参与管理和强化服务"的职业操守。对于以上职业操守要求，在日常的专业理论教学中学员普遍体会不深，而进入会计实训进行技能训练要求学员如同在办公室工作那样，必须严谨、认真、高效完成实训，以此达到培养学员良好的职业道德和严肃认真、一丝不苟的工作作风。

5. 通过实际操作，培养和提高学员的工作能力

会计是一门应用型非常强的专业，会计学基础则是实践性很强的课程。由于会计基础理论课程的教学往往存在与会计实务工作相脱节的问题，因此经常出现会计专业的学员向企业财会人员学习如何登记账户、编制会计分录等工作的现象。甚至有些学员走上工作岗位时还自以为专业知识已经掌握好了，但到了实际工作中，出纳岗位上的支票填制都不会。因此，在专业老师的悉心指导下，对学员开展会计学基础实训教学，能够提高学员的实际工作能力，为其将来走上工作岗位打下坚实的基础。

6. 通过实训报告的撰写，提高学员的写作能力

每一个实训完毕后，要及时对实训内容进行书面总结，即撰写实训报告，完成实训的书面总结工作。实训报告的内容主要包括：实训的目的、内容、要求、步骤以及实训的体会等。撰写实训报告时要求文字简练、语言通顺、结构合理和层次分明，并尽可能深入探讨实训中遇到的问题。因此，在实训结束后及时对实训工作进行总结并撰写报告，既可以促进学员钻研专业知识，熟悉和掌握有关会计法规，提高政策水平和业务能力，又可以提高写作能力。

第二节　会计学基础实训的内容和要求

一、会计学基础实训的内容

就会计专业开展会计学基础实训而言，整个会计学基础实训教学体系可分为会计学基础实训、财务会计实训、成本会计实训和会计电算化实训等内容。会计学基础技能实训的主要内容根据会计人员的技能要求可分为单项实训和综合实训两个部分。

单项会计学基础实训的内容主要包括：会计书写实训、原始凭证的填制与审核、记账凭证的填制、记账凭证的审核、日记账的登记、明细账的登记、科目汇总表的编制、总账的登记、结账与对账、错账的更正、银行存款余额调节表的编制、会计报表的编制等。

综合会计学基础实训的主要内容是利用某企业在某一段时间（一般为 1 个月）的经济业务及相关资料，采用不同的会计核算程序进行会计核算全过程的操作训练，即将单项会计学基础实训的知识综合操作实训。

另外，本实训教程涉及的原始凭证需加盖印章处省略。

二、会计学基础实训的要求

（一）基本技能要求

会计学基础实训教程最直接的目的就是使学员熟悉和掌握会计的基本技能，主要包括：

1. 书写和计算技能

书写主要是指文字和数字的书写应保持规范、清晰、流畅；计算是指对各项经济业务的汇总应做到快速、准确、全面。这是会计人员最基本的业务素质。

2. 填制和审核会计凭证技能

填制和审核会计凭证技能包括填制和审核原始凭证与记账凭证。填制和审核会计凭证是会计工作的起点，也是会计工作的基本环节。

3. 记账技能

记账是指根据审核无误的原始凭证和记账凭证，按照国家统一会计制度的会计科目，运用复式记账法将经济业务序时、分类地登记到对应的账簿中去。登记账簿是会计核算工作的主要环节。

4. 编制会计报表技能

编制会计报表是指将日常分散的会计资料，按照一定的要求和原则，定期对其加以分类整理，汇总成有关方面需要的会计信息的一种专门方法。编制报表技能是会计报告的重要内容。

（二）具体要求

为了使基础会计模拟实训达到预期的实训效果，对基础会计模拟实训提出以下具体要求：

1. 建立会计实训室

建立会计实训室就是要按企业实际需要建立模拟财会部门，并设置各个岗位。实训室配备完全仿真的设备，如各种原始凭证、账簿、报表样本、算盘、会计科目章、印台、墨水、大头针、回形针等，并在会计实训室的墙壁上张贴一些业务流程图和岗位职责要求等，使学员仿佛走进企业的财务会计部门。

2. 配备相应的会计实训人员

为保证会计实训教学正常开展，会计实训室必须配备实训管理人员和实训教学人员或专业指导教师。实训管理人员不仅要把实训教学管理好，而且要充当实训辅助教师，协助专业教师把实训教学工作组织好。会计专业实训教师主要组织和安排会计实训教学活动，指导学员按照实训教学计划进行实训学习，使会计实训教学活动正常、顺利、有序地开展。

对会计实训管理人员的要求有：

（1）具有一定基础的会计专业人员；

（2）熟悉会计业务，了解企业生产活动及其管理情况；

（3）热爱本职工作，工作责任心强；

（4）每次实训都要做到有计划、有步骤、有指导、有控制、有实训讲评等；

（5）在每一次会计实训课程前，准备好所需的实训教学设备和用品。

对会计实训教学人员的要求有：

（1）具备扎实的专业理论知识功底；

（2）熟悉国家法规，特别要熟悉《中华人民共和国会计法》（简称《会计法》）、《企业会计准则》《经济法》《税法》以及国家统一会计制度；

（3）会计实战经验丰富；

（4）爱岗敬业、工作责任心强等。会计实训需要配备责任心强的"双师型"教师担任技能训练指导老师，他们对培养实用型会计人才负有重要职责。

3. 对学员的要求

学员是开展会计技能实训的主体，对其要求是：

（1）必须具备会计学基础理论知识，且开展实训前全面复习所学教材内容；

（2）熟悉会计基础操作规范的各项要求；

（3）熟悉《会计法》《企业会计准则》和国家统一会计制度；

（4）遵守实训室规则和要求；

（5）服从实训管理人员、专业指导教师的管理，必须按照专业指导教师的要求和教学进度按时完成实训作业和实训报告；

（6）独立思考，不懂就问，按时出勤等。

4. 实训操作技术要求

会计学基础实训教程操作技术要求是指学员在填制会计凭证、登记账簿和编制会计报表时必须遵守的基本操作技能与规范。具体包括：

（1）会计凭证操作技术规范；

（2）会计账簿操作技术规范；

（3）会计报告操作技术规范；

（4）会计凭证装订技术规范；

（5）会计数字书写规范等。

5. 做好实训前的准备和实训后的总结

会计实训课程开始前，专业指导教师和学员应做好各种准备，包括理论知识准备、思想准备以及所需实训物品、设备的准备。实训中教师要每天填写实训记录，学员应填写实训日记，技能实训结束后要开展交流与总结。

第三节　会计学基础实训的组织和成绩考核

一、会计学基础实训的组织

会计学基础实训主要采用手工会计模拟实训方式，主要有两种实训组织方式：

（一）单项模拟实训组织方式

单项模拟实训即采用分散组织形式，根据会计学基础理论教学内容的教学进度合理安排各个单项模拟实训的项目。

（二）综合模拟实训组织方式

综合模拟实训即采用集中组织形式，在会计学基础课程内容全部讲授完毕后，安排 2 ~ 3 周时间，在会计模拟实训室集中进行教学，包括经济业务分析、填制和审核原始凭证、编制记账凭证、记账凭证汇总、登记总账与明细账、结账、对账、编制会计报表等全过程。

二、会计学基础实训的成绩考核

为了使实训教学收到良好的效果，专业指导教师必须加强对实训教学质量的评价与考核，对学员实训成绩和教师工作质量进行严格考核，做出全面、客观的评价。实训教学是由学员和教师共同完成的，为了全面、客观、公正地评价其效果，必须从学员的学、教师的教两个方面进行考核，即教师对学员进行考核评价，学员对教师进行考核评价。

在实训过程中，对学员的考核要求有：

（1）实训态度端正；

（2）掌握实训操作方法；

（3）掌握基本操作技能；

（4）具有一定的分析、处理问题和研究创新的能力等。

在实训教学中，对教师的考核要求有：

（1）教学态度端正；

（2）具有指导学员实训的能力；

（3）能够严格执行教学计划和实训计划；

（4）教学效果良好；

（5）实训环境与设备管理良好等。

由于会计学基础技能实训是会计专业学员的必修课程，因此实训成绩应单独考核。实训成绩的考核分为优、良、中、及格和不及格五个等级，具体考核项目和内容如表1-1所示。

表1-1　会计学基础实训教程考核项目和内容

考核项目	考核内容	考核成绩	备注
实训态度	出勤、实训完成进度、独立思考	20%	实训成绩的考核分为优、良、中、及格和不及格五个等级
会计科目的准确使用	会计科目使用符合《企业会计准则》的要求	20%	
会计数据的准确性	各项会计数据的计算方法正确、数据准确	25%	
操作规范性	会计凭证、会计账簿、会计报表的操作符合会计操作规范要求	25%	
实训报告	实训报告内容、结构符合要求，语句通顺	10%	

第二章

会计基础工作规范和
会计核算流程规范

第一节　会计基础工作规范

一、会计核算一般要求

《会计法》规定，各单位必须根据实际发生的经济业务事项进行会计核算，填制会计凭证，登记会计账簿，编制财务报告。《会计基础工作规范》规定，各单位应当按照《会计法》和国家统一会计制度的规定建立会计账册，进行会计核算，及时提供合法、真实、准确、完整的会计信息。各单位发生的下列事项，应当及时办理会计手续、进行会计核算：

（1）款项和有价证券的收付；

（2）财物的收发、增减和使用；

（3）债权、债务的发生和结算；

（4）资本、基金的增减；

（5）收入、支出、费用、成本的计算；

（6）财务成果的计算和处理；

（7）其他需要办理会计手续、进行会计核算的事项。

各单位的会计核算应当以实际发生的经济业务为依据，按照规定的会计方法进行处理，以保证会计指标的口径一致、相互可比和会计处理方法的前后各期相一致。会计年度自公历1月1日起到12月31日止。会计核算以人民币为记账本位币。收支业务以外国货币为主的单位，也可以选定某种外国货币作为记账本位币，但是编制的会计报表应当折算为人民币反映。境外单位向国内有关部门编报的会计报表，应当折算为人民币反映。

各单位根据国家统一会计制度的要求，在不影响会计核算要求、会计报表指标汇总和对外统一会计报表的前提下，可以根据实际情况自行设置和使用会计科目。行政事业单位会计科目的设置和使用，应当符合《政府会计制度》的规定。会计凭证、会计账簿、会计报表和其他会计资料的内容和要求必须符合国家统一会计制度的规定，不得伪造、变造会计凭证和会计账簿，不得设置账外账，不得报送虚假会计报表。各单位对外报送的会计报表格式由财政部统一规定。实行会计电算化的单位，对使用的会计软件及其生成的会计凭证、会计账簿、会计报表和其他会计资料的要求，应当符合财政部关于会计电算化的有关规定。

各单位的会计凭证、会计账簿、会计报表和其他会计资料，应当建立档案，妥善保管。会计档案建档要求、保管期限、销毁办法等依据《会计档案管理办法》的规定进行。实行会计电算化的单位，有关电子数据、会计软件等资料应当作为会计档案进行管理。

会计记录的文字应当使用中文，少数民族自治地区可以同时使用少数民族文字。中国境内的外商投资企业、外国企业和其他外国经济组织也可以同时使用某种外国文字。

二、会计书写基本规范

中文大写金额数字应用正楷或行书填写，如壹（壹）、贰（贰）、叁（叁）、肆（肆）、伍（伍）、陆（陆）、柒（柒）、捌（捌）、玖（玖）、拾、佰、仟、万、亿、元、角、分、零、整（或正）等字样。不得用一、二（两）、三、四、五、六、七、八、九、十、毛、另（或0）填写，不得自造简化字，但金额数字书写中可以使用繁体字。

中文大写金额数字到"元"为止的，在"元"之后，应写"整（或正）"字，在"角"之后可以写也可以不写"整（或正）"字。大写金额数字有"分"的，"分"后面不写"整（或正）"字。

中文大写金额数字前应标明"人民币"字样，大写金额数字应紧接"人民币"字样填写，不得留有空白。大写金额数字前未印有"人民币"字样的，应加填"人民币"字样。

阿拉伯小写金额数字中有"0"时，中文大写金额数字应按汉语语言规律、金额数字构成和防止涂改的要求进行书写。具体如下：

（1）阿拉伯数字中间有"0"时，中文大写金额要写"零"字。例如，"2 806.30"应写成"人民币贰仟捌佰零陆元叁角"。

（2）阿拉伯数字中间连续有几个"0"时，中文大写金额中间可以只写一个"零"字。例如，"2 008.35"应写成"人民币贰仟零捌元叁角伍分"。

（3）阿拉伯数字万位或元位是"0"，或者数字中间连续有几个"0"，万位、元位也是"0"，但千位、角位不是时，中文大写金额中可以只写一个"零"字，也可以不写"零"字。例如，"203 000.18"应写成"人民币贰拾万叁仟元零壹角捌分"，或者写成"人民币贰拾万叁仟元壹角捌分"。

（4）阿拉伯数字角位是"0"，而分位不是"0"时，中文大写金额"元"后面应写"零"字。例如，"482.06"应写成"人民币肆佰捌拾贰元零陆分"。

（5）表示金额时，阿拉伯数字前面均应填写人民币符号"￥"。

（6）票据的出票日期必须使用中文大写。为防止编造票据的出票日期，在填写月、日时，月为壹、贰和壹拾的，日为壹至玖和壹拾、贰拾和叁拾的，应在其前加"零"；日为拾壹至拾玖的，应在其前加"壹"。例如，"1月18日"应写成"零壹月壹拾捌日"，"10月20日"应写成"零壹拾月零贰拾日"。

第二节 会计核算流程规范

一、设计会计核算流程的原则

会计核算流程是否科学合理，会对整个会计核算工作产生诸多方面的影响。企业应选择合理、适用的会计核算流程，具体原则如下：

一是要适应本企业的经济活动特点、规模大小和业务繁简情况，且有利于会计核算分工。

二是要适应本企业、主管部门及国家管理经济的需要，全面、系统、及时、正确地提供反映本单位经济活动情况的会计核算资料。

三是要在保证核算资料正确、及时、完整的前提下，尽可能地简化会计核算手续，提高会计工作效率，节约人力、物力，节约核算费用。

在实际工作中，由于各个会计主体的具体情况不同，会计核算流程也不可能完全相同。企业可以采用的会计核算流程主要有以下几种：记账凭证核算流程、汇总记账凭证核算流程、科目汇总表核算流程、多栏式日记账核算流程、日记总账核算流程和通用日记账核算流程。它们之间有很多相似之处，但也有区别，其主要区别是登记总账的依据和方法不同。企业常用的会计核算流程有记账凭证核算流程、汇总记账凭证核算流程、科目汇总表核算流程三种。

二、会计核算流程

（一）记账凭证核算流程

1. 记账凭证核算流程的概念和特点

记账凭证核算流程是一种直接根据记账凭证登记总账的一种核算流程，即对发生的经济业务，根据审核无误的原始凭证或原始凭证汇总表填制记账凭证，然后根据记账凭证登记总账。它是一种最基本的核算流程，是其他各种核算流程产生和演变的基础。其特点是：直接根据记账凭证逐笔登记总账。

2. 会计凭证和会计账簿的设置

在记账凭证核算流程下，记账凭证可采用收款凭证、付款凭证和转账凭证，也可采用通用记账凭证。账簿一般设置现金、银行存款日记账、总账和明细账。现金、银行存款日记账、总账均可用三栏式；明细账可根据经营管理的需要，分别采用三栏式、数量金额式和多栏式。

3. 核算流程的步骤

（1）根据各种审核无误的原始凭证或原始凭证汇总表编制记账凭证；

（2）根据收款凭证和付款凭证逐笔登记现金日记账和银行存款日记账；

（3）根据记账凭证及其所附的原始凭证或原始凭证汇总表登记各种明细账；

（4）根据记账凭证逐笔登记总账；

（5）将现金日记账、银行存款日记账和各种明细账的余额分别与总账的余额相核对；

（6）月终，根据总账和明细账的资料编制会计报表。

记账凭证账务处理程序如图2－1所示。

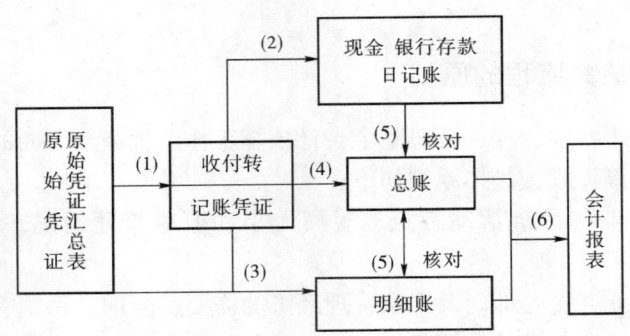

图2－1 记账凭证账务处理程序

4. 记账凭证核算流程的优缺点及适用范围

记账凭证核算流程的优点是：总账直接根据记账凭证登记，记账程序简便，总账中能具体地反映经济业务的发生情况，便于查账，技术方法易学。其缺点是：由于根据记账凭证逐笔登记总账，登记总账的工作量大，也不便于会计人员分工记账，因此这种账务处理程序一般适用于经营规模较小、经济业务较简单、记账凭证不多的企业和单位。

（二）汇总记账凭证核算流程

1. 汇总记账凭证核算流程的概念和特点

汇总记账凭证核算流程是将审核无误的原始凭证或原始凭证汇总表编制成记账凭证，再据以定期编制成汇总记账凭证，然后根据汇总记账凭证登记总账的一种核算流程。其特点是：先根据记账凭证定期编制汇总记账凭证，期末再根据汇总记账凭证登记总账。

2. 会计凭证和会计账簿的设置

在汇总记账凭证核算流程下，除了应设置收款凭证、付款凭证和转账凭证外，还要据以编制汇总收款凭证、汇总付款凭证和汇总转账凭证。账簿也仍需设现金日记账、银行存款日记账、一定种类的明细账及三栏式总账。

3. 核算流程的步骤

（1）根据各种审核无误的原始凭证或原始凭证汇总表填制记账凭证；

（2）根据收款凭证、付款凭证登记现金日记账和银行存款日记账；

（3）根据记账凭证及其所附的原始凭证或原始凭证汇总表登记各明细账；

（4）根据各种记账凭证编制汇总记账凭证；

（5）根据汇总记账凭证登记总账；

（6）将现金日记账、银行存款日记账和各种明细账的余额与总账余额相核对；

（7）月终，根据总账和明细账的资料编制会计报表。

汇总记账凭证账务处理程序如图2－2所示。

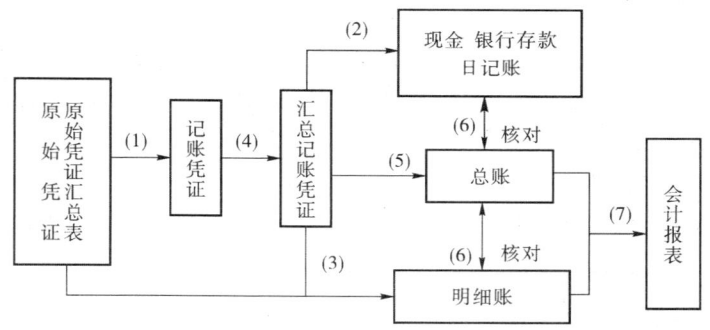

图 2 - 2　汇总记账凭证账务处理程序

4. 汇总记账凭证的编制方法

（1）汇总收款凭证应按现金和银行存款科目的借方分别设置，根据一定时间内现金、银行存款的收款凭证，分别按现金或银行存款科目所对应的贷方科目加以归类汇总，一般五天或十天汇总填列一次，每月编制一张，月终，结算出汇总收款凭证的合计数，据以登记总账。汇总收款凭证的格式如表 2 - 1 所示。

表 2 - 1　汇总收款凭证

借方科目：银行存款　　　　　　　　　　2018 年 7 月　　　　　　　　　　汇收第 10 号

贷方科目	金　额				总账页数	
	1 日至 10 日	11 日至 20 日	21 日至 31 日	合计	借方	贷方
短期借款 主营业务收入 应交税费 库存现金	500 000 20 000 3 400 3 000					
合计	526 400					

（2）汇总付款凭证应按现金或银行存款科目的贷方分别设置，根据一定时间内现金或银行存款的全部付款凭证，分别按现金或银行存款科目所对应的借方科目加以归类汇总；一般五天或十天汇总填列一次，每月编制一张，月终，结算出汇总付款凭证的合计数，据以登记总账。汇总付款凭证的格式如表 2 - 2 所示。

表 2 - 2　汇总付款凭证

贷方科目：银行存款　　　　　　　　　　2018 年 7 月　　　　　　　　　　汇付第 12 号

借方科目	金　额				总账页数	
	1 日至 10 日	11 日至 20 日	21 日至 31 日	合计	借方	贷方
管理费用	6 000					
合计	6 000					

（3）汇总转账凭证通常是按每一贷方科目分别设置，即以贷方科目为主，根据一定时间内的全部转账凭证，按与凭证相对应的借方科目加以归类汇总，一般五天或十天汇总填列一次，每月编制一张，月终，结算出汇总转账凭证的合计数，据以登记总账。汇总转账凭证的格式如表 2 - 3 所示。

表 2 - 3　汇总转账凭证

贷方科目：原材料　　　　　　　　　　　2018 年 7 月　　　　　　　　　　　汇转第 28 号

借方科目	金　额				总账页数	
	1 日至 10 日	11 日至 20 日	21 日至 31 日	合计	借方	贷方
生产成本	25 000					
管理费用	5 000					
合计	30 000					

　　汇总转账凭证是以一个贷方科目与一个或几个借方科目相对应编制的。因此，平时编制的转账凭证，只能按一个贷方科目与一个或几个借方科目相对应，不能一个借方科目与几个贷方科目相对应，否则，就不能以贷方科目为主进行汇总。

5. 汇总记账凭证核算流程优缺点及适用范围

　　汇总记账凭证核算流程是会计核算中应用比较广泛的一种核算流程。它通过定期汇总记账凭证并据以在月末登记总账，简化了登记总账的工作量，同时，汇总记账凭证可以清晰地反映账户之间的对应关系，便于了解经济业务的内容。但是，在经营规模较小，经济业务较少，同一贷方科目的转账凭证为数不多的情况下，采用这种核算流程，不仅不能减少登总账的工作量，反而增加了凭证的汇总手续。因此，它只适用于经营规模较大，业务发生频繁，财会工作较细的企事业单位。

　　（三）科目汇总表核算流程

1. 科目汇总表核算流程的概念和特点

　　科目汇总表核算流程是指根据原始凭证或原始凭证汇总表编制记账凭证，再根据记账凭证定期编制科目汇总表，然后据以登记总账的一种核算流程。其特点是：根据记账凭证编制科目汇总表并据以登记总账。

2. 会计凭证和会计账簿的设置

　　在科目汇总表核算流程下，除了与记账凭证核算流程一样设置收款凭证、付款凭证和转账凭证外，还需增设科目汇总表。科目汇总表是指根据记账凭证汇总编制，列示有关各总账账户的本期发生额，据以登记总账的一种记账凭证汇总表。账簿设置和记账凭证核算流程相同。

3. 核算流程的步骤

　　（1）根据审核无误的原始凭证或原始凭证汇总表填制记账凭证；

　　（2）根据收款凭证和付款凭证登记现金日记账和银行存款日记账；

　　（3）根据记账凭证及其所附的原始凭证和原始凭证汇总表登记各种明细账；

　　（4）根据各种记账凭证编制科目汇总表；

　　（5）根据科目汇总表登记总账；

　　（6）将现金日记账、银行存款日记账和各种明细账的余额与总账余额相核对；

　　（7）月终，根据总账和明细账的资料编制会计报表。

科目汇总表账务处理程序如图 2 - 3 所示。

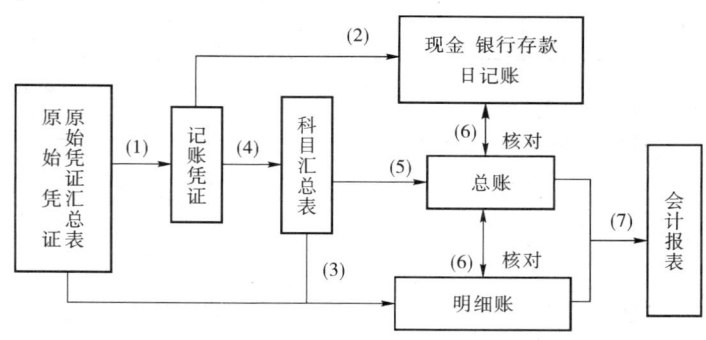

图2-3 科目汇总表账务处理程序

4. 科目汇总表的编制方法

根据一定时期内的全部记账凭证，按照相同的会计科目归类，定期汇总每一个会计科目的借方发生额和贷方发生额并将发生额填入科目汇总表相应的"借方"和"贷方"栏目内，然后合计所有借方发生额和贷方发生额，进行发生额的试算平衡。对于现金和银行存款科目的本期借方发生额和贷方发生额，也可以直接根据现金日记账和银行存款日记账的收入、支出合计数填列，而不根据收款凭证和付款凭证归类汇总填列。科目汇总表可以每月汇总编制一张，也可以按旬汇总一次，每旬编制一张。任何格式的科目汇总表，都只反映各个会计科目的本期发生额，不反映各个科目的对应关系。科目汇总表的格式如表2-4所示。

根据上一节例子有关资料编制科目汇总表，如表2-4所示。

根据上述科目汇总表登记总账，以现金总账为例。如表2-5所示，其他从略。

表2-4 科目汇总表

2018年7月1—10日 科汇第10号

会计科目	总账页数	本期发生额		记账凭证起止号数
		借　方	贷　方	
库存现金		1 000	4 200	银付1号
银行存款		526 400	6 000	银收1—2号
应收账款			1 000	现收1号
原材料			30 000	现付1—2号
在途物资		46 200		转1—2号
生产成本	（略）	25 000		
管理费用		11 000		
短期借款			500 000	
应付账款			52 650	
应交税费		7 650	3 400	
主营业务收入			20 000	
合计		617 250	617 250	

表 2-5 总 账

2009 年		凭证号数	摘 要	借方	贷方	借或贷	余额
月	日						
7	1 10 ⋮	科汇 10 ⋮	月初余额 1 至 10 日汇总 ⋮	1 000 ⋮	4 200 ⋮	借 借 ⋮	5 000 1 800 ⋮
7	31		本月发生额及余额				

5. 科目汇总表核算流程优缺点及适用范围

科目汇总表核算流程在会计核算中应用比较广泛。它通过设置科目汇总表，定期对经济业务分类汇总整理，进行试算平衡，及时发现记账过程中的差错，保证会计核算资料的正确；同时，也减少了登记总账和期末对账工作量；科目汇总表的编制方法比较简单，易学易做。但是，这种核算流程下的科目汇总表和总账不能明确反映各账户的对应关系，不便于对经济业务进行检查、分析和查对账目。因此，这种核算流程适用于经济业务量较大，但又不很复杂的企业、事业和行政单位。

第三章

建　账

第一节　建账基本程序

企业在年度开始时（或企业新建立时），会计人员应根据核算工作的需要设置会计核算所需的账簿，即平常所说的"建账"。建账的基本程序如下：

（1）按照需用的各种账簿的格式要求，预备各种账页，并将活页账页用账夹装订成册。

（2）在账簿的"账簿启用及交接表"上，写明机构名称、账簿名称、账簿编号、账簿页数、启用日期，以及经管人员姓名。记账人员或会计主管人员在本年度调动工作时，应注明交接日期并由交接双方签名或盖章，以明确经济责任。

（3）按照会计科目表的顺序、名称，在总账账页上建立总账账户，并根据总账账户明细核算的要求，在各个所属明细账户上建立明细账户。企业应在年度开始建立各级账户的同时，将上年账户余额结转过来。

（4）启用订本式账簿，应从第一页起到最后一页止顺序编列号码，不得跳页、缺页；使用活页式账簿，应按账户顺序编列本户页次号码。各账户编列号码后，应填写"账户目录"，将账户名称、页次登入目录内，并粘贴索引纸（账户标签），写明账户名称，以便检索。

第二节　账簿的设置与选择

不同的企业所需用的账簿是不尽相同的。一个企业究竟应设计和使用何种账簿，要视企业规模大小、经济业务的繁简、会计人员的分工、采用的核算形式及记账的机械化程度等因素而定。一般来说，至少应设置四册账簿：一册库存现金日记账；一册银行存款日记账；一册总账；一册活页明细。为了加强货币资金的管理，无论在哪种情况下，都要设置库存现金日记账和银行存款日记账。活页明细账主要包括：原材料明细账（收、发、存，数量金额式）、低值易耗品明细账（在库、在用）、材料采购明细账、材料成本差异明细账、分期收款发出商品明细账、委托加工存货明细账、固定资产明细账（登记设备与计算折旧）、生产成本明细账、制造费用明细账、管理费用明细账、销售费用明细账、工资明细账、产品销售明细账和应交增值税明细账。

一、总账的建账原则

总账是根据一级会计科目（亦称总账科目）开设的账簿，用来分类登记企业的全部经济业务，提供资产、负债、所有者权益、收入、费用和利润等总括的核算资料。

总账的建账原则如下：

（一）总账科目名称应与国家统一会计制度规定的会计科目名称一致

总账具有分类汇总记录的特点。为确保账簿记录的正确性、完整性，企业应根据行业特点和经济业务的内容建立总账，其总账科目名称应与国家统一会计制度规定的会计科目名称一致。

（二）依据企业账务处理程序的需要选择总账格式

根据财政部《会计基础工作规范》的规定，总账的格式主要有三栏式、多栏式（日记总账）和数量金额式等。企业可依据本企业会计账务处理程序的需要自行选择总账的格式。

（三）总账一般应采用订本式账簿

为了总账记录的安全完整，总账一般应采用订本式账簿。实行会计电算化的单位，用计算机打印的总账必须连续编号，经审核无误后装订成册，并由记账人、会计机构负责人、会计主管人员签字或盖章，以防散失。但科目汇总表总账可以是活页式账簿。

二、明细账的建账原则

明细账通常根据总账科目所属的明细科目设置，用来分类登记某一类经济业务，提供有关的明细核算资料。明细账是形成有用的会计信息的基本资料，借助于明细账既可以对经济业务信息或数据做进一步的加工整理，进而通过总账形成适合于会计报表提供的会计信息，又能为信息的形成提供具体情况和有关线索。

明细账的建账原则如下：

（一）明细科目的名称应根据统一会计制度的规定和企业管理的需要设置

会计制度对有些明细科目的名称做出了明确规定，有些只规定了设置的方法和原则，对于有明确规定的，企业在建账时应按照会计制度的规定设置明细科目的名称，对于没有明确规定的，建账时应按照会计制度规定的方法和原则，以及企业管理的需要设置明细科目的名称。

（二）根据财产物资管理的需要选择明细账的格式

明细账的格式主要有三栏式、多栏式和数量金额式，企业应根据财产物资管理的需要选择明细账的格式。

三栏式明细账适用于只需要反映金额的经济业务，如"应收账款""应付账款"等不需要进行数量核算的债权债务结算账户的明细账的登记。

多栏式明细账是根据经济业务的特点和经营管理的需要，在一张账页内按有关明细科目或明细项目分设专栏，用以集中反映各有关明细科目或明细项目的核算资料。例如"管理费用""财务费用""制造费用""基本生产成本""辅助生产成本"等要用多栏式账页建立明细账。建立时，按多栏式账页的格式，按费用项目设专栏。

数量金额式明细账适用于既要进行金额核算又要进行实物数量核算的各种财产物资账户，如"原材料""库存商品"等账户的明细账。建立时，根据各种存货的品名、规格、库存数量、单价及库存余额等登记到相关账户的余额栏即可。

（三）明细账一般采用活页式

明细账采用活页式账簿，主要是使用方便，便于账页的重新排列和记账人员的分工，但是活页账的账页容易散失和被随意抽换，因此使用时应按顺序编号并装订成册，注意妥善保管。

三、日记账的建账原则

日记账又称序时账，是按经济业务发生时间的先后顺序逐日逐笔进行登记的账簿。根据《会计基础工作规范》的规定，各单位应设置库存现金日记账和银行存款日记账，以便逐日核算和监督现金和银行存款的收入、付出和结存情况。库存现金日记账和银行存款日记账的建账原则如下：

（一）账页的格式一般采用三栏式

库存现金日记账和银行存款日记账的账页一般采用三栏式，即借方、贷方和余额三栏，并设有"对方科目"栏。如果收付款凭证数量较多，为了简化记账手续，同时为了通过库存现金日记账和银行存款日记账汇总登记总账，也可以采用多栏式账页。采用多栏式账页后如果会计科目较多，还可以分设库存现金（银行存款）收入日记账和库存现金（银行存款）支出日记账。

（二）账簿的外表形式必须采用订本式

现金和银行存款是企业流动性最强的资产，为保证账簿资料的安全、完整，《会计基础工作规范》第五十七条规定："现金日记账和银行存款日记账必须采用订本式账簿，不得用银行对账单或者其他方法代替日记账。"

第四章

会计凭证的填制与审核

第一节　原始凭证的填制与审核

一、原始凭证的概念和种类

原始凭证是在经济业务发生或完成时由经办业务的人员或部门填制或取得的，用来证明经济业务的发生或完成情况的最原始的书面证明，是记账的原始依据。

原始凭证按来源不同，可以分为自制原始凭证和外来原始凭证。

（一）自制原始凭证

自制原始凭证是在经济业务发生或完成时，由本单位业务经办人员填制的单据。例如仓库保管员在验收材料时填制的收料单，车间向材料仓库领取材料时填制的领料单及完工产品验收入库时填制的产成品入库单等。自制原始凭证提供给外单位的一联也应加盖本单位的公章。

自制原始凭证按填制的手续不同，又可分为一次凭证、累计凭证、汇总凭证和记账编制凭证四种。

一次凭证是指一项经济业务或若干项同类经济业务，在其发生后一次填制完毕的原始凭证。自制原始凭证中大部分是一次凭证，如自制原始凭证中的"领料单"。

累计凭证是指在一定时期内连续记录若干项同类经济业务的原始凭证，如自制原始凭证中的"限额领料单"。累计凭证的填制不是一次完成的，而是随着经济业务的陆续发生分次填写的，只有完成全部填制手续后，才能作为原始凭证据以记账。这样做的目的是减少原始凭证的数量，简化核算手续。

汇总凭证又称原始凭证汇总表，是指将一定时期内若干张同类性质的经济业务的原始凭证加以汇总，至期末以汇总数作为记账依据的原始凭证。例如，领料凭证汇总表就是根据一定时期内若干张领料单加以汇总而编制的汇总凭证。

记账编制凭证是指根据账簿记录和经济业务的需要对账簿记录的内容加以整理而编制的一种自制原始凭证，如"制造费用分配表"等。

（二）外来原始凭证

外来原始凭证是指在经济业务发生或完成时，从外单位或个人处取得的单据。例如供货单位开出的增值税专用发票，银行结算凭证，收款单位或个人开具的收据，出差人员取得的车票、住宿费发票等。外来原始凭证必须加盖单位的公章或财税机关的统一检章方为有效。

二、原始凭证的基本要素

经济业务的内容是多种多样的，记录经济业务的原始凭证所包含的具体内容也各不相同。但每一种原始凭证都必须客观地、真实地记录和反映经济业务的发生、完成情况，都必须明确有关单位、部门及人员的经济责任。因此，原始凭证都必须具备以下几个方面的基本内容：

（1）原始凭证的名称。

（2）填制原始凭证的具体日期和经济业务发生的日期。在大多数情况下这两个日期是一致的，如果不一致需在原始凭证中分别进行反映。例如差旅费报销单上的出差日期和报销日期往往是不一致的。

（3）填制原始凭证的单位名称或个人姓名。

（4）接收原始凭证的单位名称。

（5）经济业务的内容摘要。

（6）经济业务的数量和金额。

（7）经办人员的签名或盖章。

此外，在自制原始凭证中，有的企业根据管理和核算所提出的要求，为了满足计划、统计或其他业务方面相关工作的需要，还要列入一些补充内容，如在原始凭证上注明与该笔经济业务有关的生产计划任务、预算项目及经济合同号码等，以便更好地发挥原始凭证的作用。对于在国民经济一定范围内经常发生的同类经济业务，应由主管部门制定统一的凭证格式。例如，由中国人民银行统一制定的托收承付结算凭证、由铁路部门统一制定的铁路运单等，都是在有关单位广泛使用的原始凭证。印刷统一原始凭证既可以加强对凭证和企事业单位经济活动的管理，又可以节约印刷费用。

三、原始凭证的填制

自制原始凭证的填制有三种形式：一是根据经济业务的执行或完成的实际情况直接填制，如"领料单"等；二是根据有关账簿资料按照经济业务的要求加以归类、整理而重新编制，如为了计算产品生产成本，需要根据账簿编制材料耗用汇总表、费用分配表、产品成本计算单等；三是根据若干张反映同类经济业务的原始凭证定期汇总编制，如各种汇总原始凭证等。

外来原始凭证是由其他单位或个人填制的，也应根据经济业务的执行或完成的实际情况如实填制。

原始凭证既是具有法律效力的书面证明，又是进行会计处理的基础。为了保证会计核算工作的质量，填制原始凭证必须严格遵守以下原则。

（一）真实可靠

原始凭证上所记载的内容必须与实际发生的经济业务内容相一致，绝不允许有任何歪曲或弄虚作假。对于实物数量、质量和金额的计算，都要准确无误。为了保证原始凭证的记录真实可靠，经办业务的部门或人员都要在原始凭证上签名或盖章，对凭证的真实性和正确性负责。这是填制原始凭证最基本的要求。

（二）内容完整

要按照规定的凭证格式和内容逐项填写，不得省略和遗漏。特别是签名、盖章部分，自制原始凭证必须要有经办部门负责人或指定人员的签名或盖章。对外开出的原始凭证必须加盖本单位公章，从外单位或个人取得的原始凭证，必须有填制单位公章或个人签名或盖章。

（三）书写规范

原始凭证填写要认真，文字和数字要清楚，字迹工整、清晰，易于辨认；数量、单价和金额的计算必须正确，大、小写金额要相符。阿拉伯数字应逐个书写清楚，不可连笔书写；阿拉伯数字合计金额的最高位数字前应写人民币符号"￥"，在人民币符号与阿拉伯数字之间不得留有空白；以元为单位的金额数字一律填写到角、分；无角、分的，角位和分位填写"0"，不得空格。凡是规定填写大写金额的各种原始凭证，如银行结算凭证，发票，运单，提货单，各种现金收、付款凭证等，都必须在填写小写金额的同时填写大写金额。

如果凭证书写错误，应用规定的方法予以更正，并由更正人员在更正处盖章，以示负责；不得随便涂改、刮擦或挖补。有关货币资金收支的原始凭证，如果书写错误，应按规定手续注销、留存，重新填写，并在错误凭证上加盖"作废"戳记，连同存根一同保存，不得撕毁，以免错收、错付。

（四）编制及时

企业经办业务的部门或人员应根据经济业务的发生或完成情况，在有关制度规定的范围内，及时地填制或取得原始凭证，并按照规定的程序及时送交会计部门，经过会计部门审核之后，据以编制记账凭证。

四、原始凭证的审核

为了保证原始凭证内容的真实性和合法性，会计部门必须对一切外来的和自制的原始凭证进行严格的审核。审核内容如下：

（一）审核原始凭证的合法性

审核原始凭证所记载的经济业务是否符合国家颁布的财经法规、财会制度，以及本单位制定的有关规章制度，有无违反财经纪律、弄虚作假、贪污舞弊等违法乱纪行为。

（二）审核原始凭证的真实性

审核原始凭证所记载的内容是否与实际发生的经济业务情况相符，包括与经济业务相关的单位和当事人是否真实，经济业务发生的时间、地点和填制凭证的日期是否准确，经济业务的内容及数量是否与实际情况相符等。

（三）审核原始凭证的准确性

审核原始凭证的摘要是否符合要求，数量、单价、金额、合计数的计算与填写是否正确，大、小写金额是否相符，书写是否清楚等。

（四）审核原始凭证的完整性

审核原始凭证是否具备合法凭证所必需的基本内容，这些内容填写是否齐全，有无遗漏的项目；原始凭证的填制手续是否完备，有关单位和经办人员是否签章；是否经过主管人员审核批准；需经政府有关部门或领导批准的经济业务，审批手续是否按规定履行等。

第二节　记账凭证的填制与审核

一、记账凭证的概念及分类

记账凭证是根据审核后的原始凭证，按照经济业务的内容加以归类，并据以确定会计分录而填制的作为登录账簿依据的凭证。

记账凭证按其用途不同，可以分为专用记账凭证和通用记账凭证两类。

专用记账凭证是指分类反映经济业务的记账凭证。这种记账凭证按其反映经济业务的内容不同，又可分为收款凭证、付款凭证和转账凭证。收款凭证是用来记录货币资金收款业务的记账凭证。付款凭证是用来记录货币资金付款业务的记账凭证。转账凭证是用来记录与货币资金无关的转账业务的记账凭证。

通用记账凭证是指用来记录所有经济业务的凭证，其格式一般与转账凭证格式相同。

二、记账凭证的基本内容

记账凭证虽然种类不一，编制依据各异，但都要具备以下基本内容：

（1）记账凭证的名称，如收款凭证、付款凭证、转账凭证等；

（2）记账凭证的填制日期和编号；

（3）经济业务的内容摘要；

（4）经济业务应借、应贷会计科目（包括一、二级科目和明细科目）的名称和金额；

（5）所附原始凭证的张数；

（6）制证、审核、记账及会计主管人员的签名或盖章。收、付款凭证还要有出纳人员的签名或盖章。

三、记账凭证的填制要求

填制记账凭证时要求格式统一、内容完整，科目运用正确，对应关系清晰，摘要简练，书写清晰、工整。具体要求如下：

（一）必须根据审核无误的原始凭证填制记账凭证

会计人员填制记账凭证时，应依据审核无误的原始凭证所记录的经济业务，经过分析、归类及整理后填制。除了更正错账、编制结账分录和按权责发生制要求编制的调整分录的记账凭证可以不附原始凭证以外，其余的记账凭证一般都应该附原始凭证。

（二）摘要简明

记账凭证摘要栏的文字说明应准确、简练。

（三）会计科目使用准确，账户对应关系清楚

会计科目必须按照《企业会计准则》统一规定的会计科目的全称填写，不得简化；应先写借方科目，后写贷方科目。一级科目和二级科目或明细科目要填写齐全，以便按会计科目归类汇总并登记有关明细账和总账。不得把不同类型的经济业务合并填列在一张记账凭证中，以防科目对应关系混淆不清。

（四）正确对记账凭证编号

记账凭证在一个月内应当连续编号，目的是分清记账凭证的先后顺序，便于登记账簿和日后记账凭证与会计账簿之间的核对，并防止散失。使用通用记账凭证的，可按经济业务发生的顺序编号，每月从第1号编起；使用专用记账凭证的，可按凭证类别分类编号，每月从收字第1号、付字第1号和转字第1号编起，也可将收款凭证和付款凭证再划分为现收第×号、银收第×号、现付第×号、银付第×号进行编号。如果一笔经济业务需要填制几张记账凭证，则可采用"分数编号法"。例如，第10笔经济业务需要编制3张转账凭证，则3张凭证的编号应为"转字第10又1/3号、转字第10又2/3号、转字第10又3/3号"。前面的整数10表示业务顺序；分母3表示第10笔业务共编制3张凭证，分子1、2和3分别表示3张转账凭证中的第一、第二和第三张。不管采用哪种凭证编号方法，每月末最后一张记账凭证的编号旁都要加注"全"字，以免凭证散失。

（五）附件齐全

记账凭证都要注明所附原始凭证的张数，以便查核。如果有重要资料或原始凭证数量过多需要单独保管，则要在记账凭证摘要栏中加以说明，并注明保管地点及编号。

四、记账凭证的填制方法

（一）专用记账凭证的填制方法

1. 收款凭证的填制

收款凭证是用来记录货币资金收款业务的记账凭证。凭证左上角的借方科目根据经济业务所涉及的货币资金类别，填写"库存现金"或"银行存款"科目；日期填写填制收款凭证的日期；右上角的凭证编号填写收款凭证的编号，可编为"收字第×号""现收字第×号""银收字第×号"；摘要栏应简明扼要地说明所发生的经济业务；贷方科目栏填写与"库存现金"或"银行存款"科目对应的会计科目；记账符号栏是指该记账凭证是否已经登记了账簿，在该栏画"√"，表示已经过账，防止凭证所涉及的账户重记或漏记；金额栏填写经济业务的发生额；附件应填写该记账凭证所附的原始凭证的张数；凭证下方的"会计主管""记账""复核""出纳""制单"等处，有关人员必须签名或盖章，未使用的金额栏以斜线划销。

2. 付款凭证的填制

付款凭证是用来记录货币资金付款业务的记账凭证。付款凭证的填制方法与收款凭证的填制方法基本相同。只是凭证左上角为贷方科目填写"库存现金"或"银行存款"科目，借方科目栏填写与"库存现金"或"银行存款"科目对应的会计科目；右上角的凭证编号填写付款凭证的编号，可编为"付字第×号""现付字第×号""银付字第×号"。

应当注意的是，对于库存现金和银行存款之间及各种货币资金之间相互划转的业务，为避免重复记账或漏记账，只填制付款凭证，不再填制收款凭证。例如，将现金存入银行，根据该项经济业务的原始凭证，只填制一张库存现金付款凭证，不再填制银行存款收款凭证；相反，从银行提取现金时，根据有关原始凭证，只填制一张银行存款付款凭证，不再填制库存现金收款凭证。

3. 转账凭证的填制

转账凭证是用来记录与货币资金无关的转账业务的记账凭证。经济业务所涉及的会计科目全部填列在转账凭证内，借方科目填在上行，贷方科目填在下行；借方科目金额填入"借方金额"栏，贷方科目金额填入"贷方金额"栏，填入总账科目（或一级科目）或明细科目（或二级科目）的金额应相等；转账凭证的编号，可编为"转字第×号"。其他项目的填写方法与收款凭证、付款凭证相同。

（二）通用记账凭证的填制方法

通用记账凭证是不区分收、付款业务和转账业务，统一使用同一种格式的记账凭证。采用通用记账凭证，将经济业务所涉及的会计科目全部填列在一张凭证内。其填制方法与转账凭证类似。

五、记账凭证的审核

为了保证账簿记录的准确性，除了编制记账凭证的人员应当认真负责、正确填制、加强自审以外，同时还应建立专人审核制度。审核的内容主要包括以下几个方面：

一是审核记账凭证是否附有原始凭证，所附原始凭证的张数与记账凭证中填列的附件张数是否相等，所附原始凭证记录的经济业务内容与记账凭证内容是否相等，二者金额是否相等；审核未附原始凭证的记账凭证是否属于调账、结账和更正错账类业务。

二是审核记账凭证的应借、应贷科目是否正确，账户对应关系是否清晰，所使用的会计科目及其核算内容是否符合会计制度的规定，金额计算是否准确。

三是审核摘要是否填写清楚、项目填写是否完整、有关人员签章是否齐全。出纳人员在办理收款业务和付款业务后，应在凭证上加盖"收讫"或"付讫"的戳记，避免重收重付。在审核记账凭证过程中若发现错误，应查明原因，及时更正。如果错误的记账凭证尚未登记入账，则需重新编制一张正确的记账凭证；当错误记账凭证（审核时未被发现）已据以登记入账时，更正错误的方法将在第5章中加以说明。只有经过审核无误的记账凭证，才可以据以登记入账。

六、会计凭证的保管

会计凭证的保管是指会计凭证记账后的整理、装订、归档和存查工作。作为记账的依据，会计凭证是重要的会计档案和经济资料。

按照《会计档案管理办法》的要求，对会计凭证的保管，既要做到会计凭证的安全和完整无缺，又要便于凭证的调阅和查找。其具体要求包括以下几个方面：

一是会计凭证应定期装订成册，防止散失。从外单位取得的原始凭证遗失时，应取得原签发单位盖有公章的证明，并注明原始凭证的号码、金额、内容等，由经办单位会计机构负责人、会计主管人员和单位负责人批准后，才能代作原始凭证。若确实无法取得证明，如车票丢失，则应由当事人写明详细情况，由经办单位会计机构负责人、会计主管人员和单位负责人批准后，代作原始凭证。

二是会计凭证封面应注明：单位名称、凭证种类、凭证张数、起止号数、年度、月份、会计主管人员、装订人员等有关事项，会计主管人员和保管人员应在封面上签章。

三是会计凭证应加贴封条，防止抽换凭证。原始凭证不得外借，其他单位如有特殊原因确实需要使用时，经本单位会计机构负责人、会计主管人员批准，可以复制。向外单位提供的原始凭证复印件，应在专设的登记簿上登记，并由提供人员和收取人员共同签名、盖章。

四是原始凭证较多时，可单独装订，但应在凭证封面注明所属记账凭证的日期、编号和种类，同时在所属的记账凭证上注明"附件另订"及原始凭证的名称和编号，以便查阅。各种经济合同、存出保证金收据及涉外文件等重要的原始凭证，应另编目录，单独登记保管，并在有关的记账凭证和原始凭证上相互注明日期和编号。

每年装订成册的会计凭证，在年度终了时可暂由单位会计机构保管一年，期满后应当移交本单位档案机构统一保管，未设立档案机构的，应当在会计机构内部指定专人保管。出纳人员不得监管会计档案。

五是严格遵守会计凭证的保管期限要求，期满前不得任意销毁。任何单位不得擅自销毁会计凭证。

第五章

会计账簿的登记

第一节　账簿的登记与分类

会计账簿是由具有一定格式、相互联系的账页所组成的。它是以会计凭证为依据，全面、系统、序时、分类地记录各项经济业务的簿籍。设置和登记会计账簿是会计核算的专门方法。

一、账簿的登记规则

账簿是形成和存储会计信息的主要载体与工具。为了保证记账的准确、完整且便于查阅和长期保存，登记账簿应遵循下列规则：

一是必须以经过审核无误的记账凭证及所附的原始凭证为依据登记账簿。记账时，应将记账凭证上的日期、凭证种类和编号、摘要和金额逐项计入账内；记账后要在记账凭证上签章，注明所记账簿的页次或画"√"号，以防重记或漏记。

二是登记账簿必须使用蓝色或黑色钢笔书写，不得使用铅笔和圆珠笔。按照会计制度的规定，红字只能在下列情况使用：结账划线；更正错账时更正划线；根据红字冲账法冲销错误记录（冲账）；在不设贷方（或借方）栏目的多栏式账页中，登记减少数（如在制造费用明细账页中，只设置借方栏，不设置贷方栏，则在登记减少数或转出数时要用红字进行登记，以示转出）；在三栏式账户的余额栏前，未标明余额方向的，在余额栏内登记负数余额；根据国家统一会计制度的规定可以用红字登记的其他会计分录。除此以外，不得使用红字记账。

三是账簿中文字和数字的书写必须规范、整洁、清晰，应贴近底线，且在上面留有适当的空距，以便改错。账簿记录发生错误后，应根据错误的性质和发现时间的不同，按规定的办法进行更正，严禁涂改、刮擦、挖补、用药水更改字迹或撕毁账页等。

四是账簿必须按照账页顺序逐页逐行顺序登记，不得跳行、隔页。如果发生跳行、隔页，应当往空行、空页处划上红色对角线注销，或者注明"此页空白""此行空白"字样，并由记账人员签名或盖章。订本式账簿必须按照编订的页次顺序进行登记，不得缺页，不得随意撕毁账页；活页式账簿要按照页次顺序装订成册，不得随意抽换账页。

五是每一账页登记完毕结转下页时，应在账页的最末一行结出本页发生额合计数和余额，并在摘要栏中注明"过次页"，在次页第一行计入上页的合计数和金额，并在摘要栏中注明"承前页"，以保持账页之间的连续性。

六是在总账中，凡是需要结出余额的账户，结出余额后，应当在"借或贷"栏目内写明"借"或者"贷"字样，表明余额方向。没有余额的账户，应当在"借或贷"栏目内写"平"字，并在"余额栏"内用"0"表示。库存现金日记账和银行存款日记账必须逐日结出余额。

七是各种账簿（除少数变化很少的明细账，如固定资产明细账以外）每年都应更换新账簿。年度开始时，将各账户上年年终的余额，转记到新账簿相应账户的第一页第一行内，并在摘要栏注明"上年结转"字样。

二、账簿的分类

账簿按照用途不同，可以分为序时账簿、分类账簿和备查账簿；账簿按照形式不同，可以分为订本式账簿、活页式账簿和卡片式账簿；账簿按账页格式不同，可分为三栏式账簿、多栏式账簿和数量金额式账簿。企业应根据自身的业务特点及经营管理的需要，设置相应的账簿体系及具体的账簿。

第二节 日记账的登记

日记账是指根据经济业务发生或完成的先后顺序，逐日逐笔进行连续登记的账簿。按记录的经济业务内容不同，日记账又分为普通日记账和特种日记账两种。

一、普通日记账

普通日记账是指用来登记全部经济业务发生情况的日记账。在设置普通日记账的情况下，企业应当按照每日发生的所有经济业务，不论其经济内容如何，在日记账中按照发生的时间顺序逐笔编制会计分录，并过入账簿，因此这种日记账也称分录日记账。

普通日记账一般设有"借方金额"和"贷方金额"两栏，这种账簿不结余额。

二、特种日记账

特种日记账是指用来专门登记某一类经济业务发生情况的日记账。在特种日记账中，要求将某一类经济业务按其发生的时间先后顺序逐笔序时登记入账，以反映该类经济业务的详细情况。

在我国的会计工作中，普通日记账的使用比较少，多使用特种日记账。为了加强货币资金的收付管理，我国会计制度要求各单位必须设置现金日记账和银行存款日记账。

（一）库存现金日记账的格式和登记方法

库存现金日记账是由出纳人员对现金收付业务逐日逐笔按经济业务发生的先后顺序登记的，用以详细地、序时地记录和监督企业现金的收入、支出和结余情况的一种日记账。

库存现金日记账的登记方法如下：

（1）日期栏。现金的实际收、付日期。

（2）凭证号码栏。登记所依据的记账凭证的种类及其编号。例如记账凭证为 15 号现金收款凭证，就记为"现收 15 号"。准确记录凭证号码，有利于查账和核对。

（3）摘要栏。简要说明经济业务的内容。

（4）对方科目栏。填列会计分录中与借或贷记现金账户相对应的那一方的科目名称，也就是现金收入的来源科目或现金支出的用途科目，其作用是了解经济业务的来龙去脉。例如用现金支付办公费 100 元，对方科目栏就应填"管理费用"。

（5）借方栏、贷方栏和余额栏。借方栏、贷方栏分别记录实际发生的现金收入和支出金额。余额栏反映余额数，并与库存现金数核对，即"日清"。月末要计算并填列借方合计数和贷方合计数，即"月结"。

（6）借或贷栏。表示余额的方向。期末有借方余额，在该栏填"借"；期末有贷方余额，在该栏填"贷"；期末无余额，在该栏填"平"。

（二）银行存款日记账的格式和登记方法

银行存款日记账是由出纳人员对银行存款收付业务逐日逐笔按经济业务发生的先后顺序进行登记的一种日记账。

银行存款日记账的登记方法和要求与库存现金日记账基本相同，只是月末银行存款结余额的账实核对方法不一样。对于现金，通过实地盘点就可知道实际数，从而进行账实核对。而对于银行存款，则要把银行存款日记账和银行对账单进行核对，编制银行存款余额调节表，这样才能反映银行存款的实际数，从而进行账实核对。

第三节 分类账的登记

分类账是对发生的全部经济业务进行分类登记的账簿。分类账按其反映内容详细程度的不同，可分为总账和明细账两种。

一、总账

总账根据一级会计科目设置和登记，用来分类登记全部经济业务，提供各项资产、负债、所有者权益、收入、费用和利润等总括性核算指标的信息。

总账的格式一般采用三栏式，即在账页中设置借方、贷方和余额三个金额栏，称为"借贷余额式"。

三栏式总账的登记，可以根据各种记账凭证逐笔登记，也可根据汇总记账凭证或科目汇总表汇总登记，还可以根据多栏式库存现金日记账、银行存款日记账逐笔或定期登记，这主要取决于每个单位所采用的会计账务处理程序。

二、明细账

明细账是根据总账所属的二级或明细科目设置和登记的，用来登记某一类经济业务，提供明细核算指标的信息，是总账不可缺少的详细补充记录。明细账的格式根据各单位经济业务的特点及管理制度的要求进行设置，其账页格式有"三栏式""多栏式"和"数量金额式"三种。

（一）三栏式明细账

三栏式明细账的基本结构是"借方"栏、"贷方"栏和"余额"栏，主要适用于总账、日记账，也可用于只进行金额核算而不需要数量核算的债权债务结算类账户的明细账。

（二）多栏式明细账

多栏式明细账是在"借方"或"贷方"某一方或者两方下再分设若干专栏，详细核算借方、贷方发生额的具体构成，主要适用于核算项目较多且管理上要求提供核算项目详细内容的账户，如"本年利润"明细账、"应交税费——应交增值税"明细账等。

（三）数量金额式明细账

数量金额式明细账的基本结构是"借方"（收入）栏、"贷方"（发出）栏和"余额"（结存）栏，每栏再分设"数量""单价"和"金额"专栏。数量金额式明细账适用于既需要进行金额核算又需要进行数量核算的账户，如"原材料""库存商品"等存货账户。

第四节　对账、结账和更正错账

一、对账

对账就是核对账目，是在结账前将账簿记录的内容和会计凭证进行核对，各种账簿之间的数字进行核对，账簿记录与各项财产物资的实际结存数目进行核对，以保证账证相符、账账相符、账实相符，从而为编制财务报告提供真实、准确的会计核算资料。

对账的主要内容包括账证核对、账账核对和账实核对。

（一）账证核对

账证核对是指将各种账簿（包括总账、明细账及库存现金日记账和银行存款日记账等）记录与有关的会计凭证（包括记账凭证及所附的原始凭证）进行核对，做到账证相符。

账簿与记账凭证核对主要是检查账簿记录是否按照记账凭证确定的账户、方向和金额进行登记。这种核对主要是在平时编制记账凭证和记账过程中进行的。

（二）账账核对

账账核对是在账证核对相符的基础上，对各种账簿记录的内容所进行的核对工作。账账核对的具体内容包括：总账账户的借方期末余额合计数与贷方期末余额合计数核对相符；明细账各账户的余额合计数与有关的总账账户的余额核对相符；日记账的余额与总账各账户的余额核对相符；会计部门的财产物资明细账与财产物资保管、使用部门的明细账核对相符。

（三）账实核对

账实核对是在账账核对的基础上，将各种账簿记录余额与各项财产物资、现金、银行存款及各种往来款项的实存数进行核对，做到账实相符。账实核对的具体为容包括库存现金日记账的账面余额与库存现金实有数相互核对；银行存款日记账的账面余额与各开户银行对账单之间相互核对；财产物资明细账的结存数与清查盘点后的实有数相互核对；各种应收、应付、应交款明细账各账户的账面余额与有关债权、债务单位或个人及有关部门相互核对。

二、结账

（一）结账的含义与内容

结账就是把一定时期内所有的经济业务全部登记入账后，结出各种账簿的本期发生额和期末余额，据以编制会计报表，并将余额结转下期或新的账簿。

为了保证结账工作的顺利进行，结账前应做好一些准备工作，具体包括：检查凭证和账簿的正确性；进行相应的账项调整，如各种收入的确认、成本的结转等。即结账工作由两部分组成：一是结出总账和明细账的本期发生额和期末余额，并将余额在本期和下期之间结转；二是损益类账户，即收入、成本、费用类账户的结转，并计算本期利润或亏损。

通过结账，能够全面、系统地反映一定时期内发生的经济活动所引起的资产、负债及所有者权益等方面的增减变动情况及其结果，合理确定各期间的经营成果，有利于企业定期编制会计报表。

（二）结账的方法

按照结算时期的不同，结账可以分为月结、季结和年结三种。每月结账时，首先，应在各账户本月最后一笔记录下面划一条通栏红线，表示本月结束；然后，在红线下结算出本月借、贷方发生额和月末余额，如果没有余额，则在余额栏内注明"平"字或"0"，并在摘要栏内注明"×月份发生额及余额"或"本月合计"字样；最后，再在下面划一条通栏红线，表示完成月结工作。季结时，首先，应在各账户本季度最后一个月的月结下面划一条通栏红线，表示本季结束；然后，在红线下结算出本季发生额和季末余额，并在摘要栏内注明"第×季度发生额及余额"或"本季合计"字样；最后，再在摘要栏下面划一条通栏红线，表示完成季结工作。年结时，首先，在 12 月下面划一通栏红线，表示年度终了；然后，在红线下面填列全年 12 个月份的月结发生额合计或 4 个季度季结发生额合计和年末余额，并在摘要栏内注明"年度发生额及余额"或"本年合计"字样，为使借、贷双方合计数平衡，应将上年结转过来的年初借（贷）方余额抄列至"年度发生额及余额"或"本年合计"下一行的借（贷）方栏内，并在摘要栏内注明"年初余额"字样，再将年末借（贷）方余额抄列至下一行的贷（借）方栏内，并在摘要栏内注明"结转下年"字样；最后，计算出借、贷双方合计数（应该相等），并在摘要栏内注明"合计"字样，再在合计数下面划一通栏双红线，表示封账，完成年结工作。

账户在年度内没有发生额的不需要结账，只需将其余额转入新年度的相应账簿中即可。

三、更正错账

会计人员填制会计凭证和登记账簿时，必须认真仔细，尽量避免账簿记录错误，以保证会计信息质量。如果发生记账错误，应运用一定的方法进行查找并采用适当的方法及时更正。常用的错账更正方法有划线更正法、红字更正法和补充登记法。

（一）划线更正法

划线更正法是先在错误的文字或数字上划一条红色横线，以示注销，但必须使原有字迹仍可辨认，以备考查；然后在划线上方用蓝色钢笔写上正确的文字或数字，做出更正记录，并在划线处加盖更正人图章，以明确责任。划线更正法适用于在结账前发现账簿记录中文字或数字错误而记账凭证没有错误的情况。

例如，企业用银行存款 2 840 元购买办公用品。会计人员在根据记账凭证（记账凭证正确）记账时，误将总账中银行存款贷方的 2 480 元写成 2 840 元。

采用划线更正法更正的具体方法是：先将总账中银行存款账户贷方的错误数字 2 480 元全部用一条红线划销（注意：不能只划销个别错误的数字，如 84），然后在其上方用蓝字写出正确的数字 2 480 元，并在更正处盖章或签名，以明确责任。

（二）红字更正法

红字更正法一般适用于以下两种情况。

（1）根据记账凭证所记录的内容登记账簿以后，发现记账凭证的应借、应贷科目或记账方向有错误，可采用此方法进行更正。

更正方法：先用红字填写一张内容与原错误记账凭证完全一致的记账凭证，在摘要栏写明"更正第×号凭证的错误"字样，并据以红字登账，冲销原错误记录，然后再用蓝字填写一张正确的记账凭证，并据以登记入账。

例如，企业计提车间管理部门固定资产折旧费 80 000 元。这项经济业务编制的会计分录应为借记"制造费用"科目，贷记"累计折旧"科目，但会计人员在编制记账凭证时误将"制造费用"记为"管理费用"并已登记入账。

更正时，先用红字填写一张与错误记账凭证完全相同的记账凭证，在"摘要"栏中注明"冲销（或更正）第×号凭证的错误"，并据以用红字金额登记入账，冲销原有错误记录。然后，用蓝字填写一张正确的记账凭证，在摘要栏注明"更正第×号凭证的错误"，并据以登记入账。

注意：在填写红字冲销凭证时，只有会计科目和原先错误凭证的会计科目相同，其他各个项目的内容都不相同，即填写日期不同，填写日期应是更正时的日期；编号不同，编号是更正时的新编号；摘要不同，金额是红字，没有附件。

（2）根据记账凭证所记录的内容记账以后，发现记账凭证中应借、应贷账户正确无误，但是所填写的金额大于应填写的金额，可采用此方法进行更正。

更正方法：将多记的金额用红字填写一张与原错误记账凭证账户相同、记账方向相同的记账凭证，并据以登记入账，冲销原来的多记金额，在摘要栏注明"冲销第×号凭证多记金额"字样。

例如，企业从银行提取现金 6 900 元，会计人员在填写记账凭证时，误将金额填为 9 600 元，并已据此登记入账。

更正时，将多记的金额 2 700（9 600 - 6 900）元用红字填写一张内容与上述错误记账凭证完全一致的记账凭证，并据以用红字登记入账，冲销原错误记录。

（三）补充登记法

补充登记法是记账以后，发现记账凭证上的应借、应贷账户并无错误，只是所填金额小于应记金额，从而引起账簿记录错误。更正方法是：将少记的金额用蓝字填写一张与原错误记账凭证账户名称相同、记账方向一致的记账凭证，补充少记的金额，并据以登记入账，同时在记账凭证的摘要栏注明"补记第×号凭证的少记金额"字样。

例如，企业以银行存款 85 000 元归还前欠的购货款，在填写记账凭证时误将金额填为 35 000 元，并据以登记入账。

更正时，将少记的金额 50 000（85 000 - 35 000）元用蓝字填写一张与原错误记账凭证账户名称相同、记账方向一致的记账凭证，并据以登记入账，补记少记的金额。

第六章

会计报表的编制

第一节　资产负债表的编制

资产负债表是反映企业在某一特定日期（月末、季末、半年末、年末）财务状况的会计报表，主要反映资产、负债和所有者权益三方面的内容，并满足"资产＝负债＋所有者权益"。通过资产负债表，可以帮助报表使用者全面了解企业的财务状况，分析企业的偿债能力，从而为未来的经济决策提供有用信息。

资产负债表"期末余额"栏内各项数据可通过以下几种方式获得：

（1）根据总账账户余额直接填列。资产负债表大部分项目的填列都是根据有关总账账户的余额直接填列的。例如资产负债表中的"应收票据""以公允价值计量且其变动计入当期损益的金融资产""应收股利""应收利息""工程物资""在建工程""递延所得税资产""短期借款""应付票据""应付职工薪酬""应付股利""应交税费""递延所得税负债""实收资本""资本公积""盈余公积"等项目，直接根据各账户的余额填列。

（2）根据总账账户的余额计算填列。例如"货币资金"项目，需要根据"库存现金""银行存款""其他货币资金"三个总账账户的期末余额合计数计算填列。

（3）根据明细账账户余额计算填列。例如"应收账款"项目，应根据"应收账款"和"预收账款"账户所属明细账户的期末借方余额之和填列；"应付账款"项目，应根据"应付账款"和"预付账款"账户所属明细账户的期末贷方余额之和填列。

（4）根据总账账户和明细账账户余额分析计算填列。例如"长期借款"项目，需根据"长期借款"总账账户期末余额，扣除"长期借款"账户所属明细账户中将于一年内到期的长期借款的金额计算填列。

（5）根据总账账户余额减去其备抵项目后的净额填列。例如"固定资产"项目是用"固定资产"账户余额减去"累计折旧"和"固定资产减值准备"等备抵账户后的净额填列。

第二节　利润表的编制

利润表属于动态报表，是反映企业在一定会计期间经营成果的会计报表，主要提供有关企业经营成果方面的信息。通过利润表，可以反映企业一定会计期间的收入实现情况和费用耗费情况，可以反映企业一定会计期间生产经营活动的成果，据以判断资本保值、增值情况，可以反映企业的盈利能力，预测企业未来的盈利趋势。

利润表的格式一般有两种：单步式利润表和多步式利润表。在我国，利润表一般采用多步式。

多步式利润表由营业利润、利润总额和净利润构成，其中：

营业利润＝营业收入－营业成本－税金及附加－销售费用－管理费用－财务费用－资产减值损失＋公允价值变动收益＋投资收益

利润总额＝营业利润＋营业外收入－营业外支出

净利润＝利润总额－所得税费用

第三节　现金流量表的编制

现金流量表是反映企业在一定会计期间现金和现金等价物流入和流出情况的报表，属于动态报表。通过现金流量表，可以反映企业一定会计期间内现金和现金等价物流入和流出的信息，以便于会计报表使用者了解和评价企业获取现金和现金等价物的能力，并据以预测企业未来现金流量。现金流量表以现金的收、支为基础，消除了由于会计核算所采用的估计因素的影响。通过现金流量表，可以了解现金流量的构成，分析企业偿还债务、支付股利及对外融资的能力，有助于分析企业收益质量及影响现金净流量的因素。

我国企业现金流量表采用报告式结构，分别反映经营活动产生的现金流量、投资活动产生的现金流量和筹资活动产生的现金流量，最后汇总反映企业某一期间现金及现金等价物的净增加额。

第二篇
单项实训

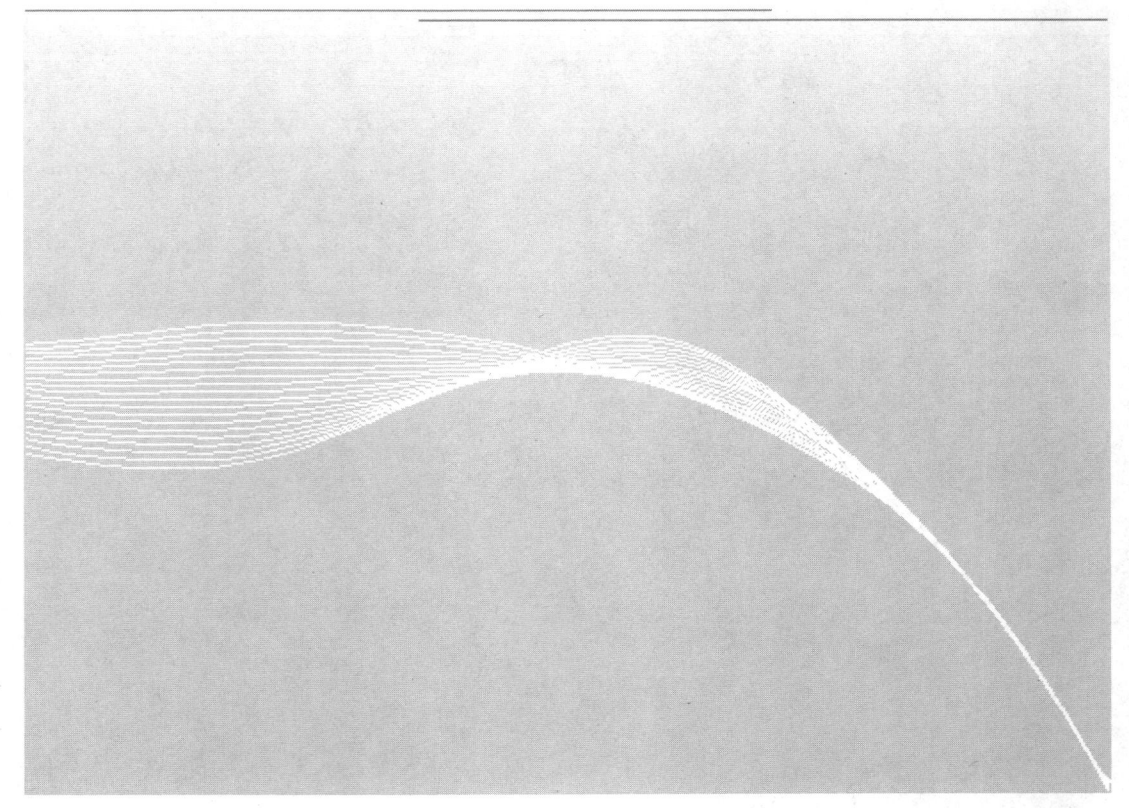

第七章

会计凭证填制和审核的实训

实训一 原始凭证的填制

一、实训目的

熟悉各种经济业务发生时应填制的原始凭证种类、格式及内容，并掌握其填制的方法、技能，加深对原始凭证有效性的认识。

二、实训资料和要求

1. 现金支票——提取备用金

2019 年 2 月 1 日，B 公司开出一张 1 000 元的现金支票，以从银行提取备用金，请填写现金支票，其格式如图 7-1 所示。开户行及账号：中国工商银行南宁兴宁支行××××× ××××××××××××××××。

中国工商银行 现金支票存根 45003674 60050316	付款期限自出票之日起十天	中国工商银行 现金支票			00644652　45003674 00644652
附加信息_____ _____ _____		出票日期（大写）　　年　月　日 收款人：		付款行名称： 出票人账号：	
		人民币 （大写）		亿千百十万千百十元角分	
出票日期：年 月 日		用途_____		密码_____	
收款人：		上列款项请从 我账户内支付		行号_____	
金额：					
用途：					
单位主管　会计		出票人签章		复核　　记账	

图 7-1　现金支票

2. 转账支票——支付货款

2019 年 4 月 11 日，A 公司从 B 公司购进一批原材料，价款为 11 300 元，以转账支票支付，请填制转账支票，其格式如图 7 - 2 所示。开户行及账号：中国工商银行南宁江南支行××××××××××××××××××××××××。

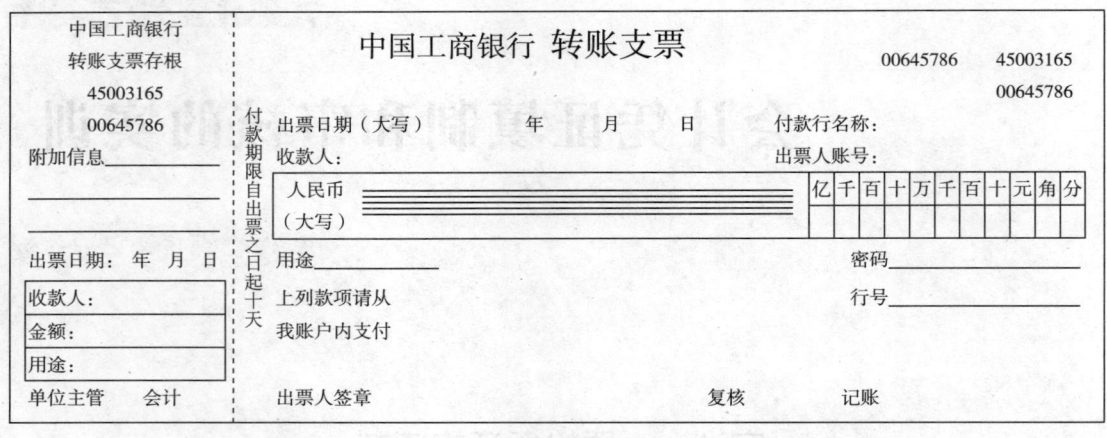

图 7 - 2　转账支票

3. 收到转账支票

2019 年 5 月 14 日，B 公司收到 D 公司的一张转账支票，到本公司开户行（中国工商银行南宁兴宁支行）办理进账前支票的背书处理，然后转 4，填写进账单。转账支票正面、背面格式如图 7 - 3、图 7 - 4 所示。

中国工商银行 转账支票存根 45003786 00645348 附加信息_____ _____ 出票日期：年 月 日	付款期限自出票之日起十天	中国工商银行 转账支票		00645348　　45003786 00645348
		出票日期（大写）贰零壹玖年零伍月壹拾肆日		付款行名称：工商银行南宁兴宁支行
		收款人：B 公司		出票人账号：45000245798981567543543

图 7 - 3　转账支票正面

附加信息	被背书人	被背书人
	背书人签章 年　月　日	背书人签章 年　月　日

图 7 - 4　转账支票背面

4. 到银行办理进账

2019 年 5 月 14 日，承 3，填写银行进账单，其格式如图 7－5 所示。开户行及账号：中国工商银行南宁兴宁支行××××××××××××××××××××。

中国工商银行进账单（回单）1

年　月　日

出票人	全　称											
	账　号											
	开户银行											
金额	人民币（小写）	亿	千	百	十	万	千	百	十	元	角	分
收款人	全　称											
	账　号											
	开户银行											
票据种类		票据张数										
票据号码												

中国工商银行进账单（回单）1

年　月　日

出票人	全　称		收款人	全　称												
	账　号			账　号												
	开户银行			开户银行												
金额	人民币（大写）					亿	千	百	十	万	千	百	十	元	角	分
票据种类		票据张数														
票据号码																
注意：本回单不作进账、提货的证明，不作账务处理的依据，仅供查询用																

此联是开户银行交给（出）持票人的回单

图 7－5　进账单

5. 收回多余款项

2019 年 5 月 26 日，A 公司的采购员刘芸交回多余旅费 168 元。请填写收回余款的收款收据（由王宇开具并收款），其格式如图 7－6 所示。

收款收据　　NO：76768321

年　月　日

今收到______________________________
交来______________________________
金额（大写）______拾　万　仟　佰　拾　元　角　分
¥________ □现金　□支票　□信用卡　□其他　　收款单位（签章）

核准　　会计　　记账　　出纳　　经手人

图 7－6　收款收据

6. 开具增值税专用发票

2019 年 7 月 21 日，A 公司销售给 D 公司一批商品，请开具增值税专用发票（本公司发票专用章由财务经理保管，税率 13%）。原始凭证：销售单（见图 7－7）。增值税专用发票格式如图 7－8 所示。A 公司地址、电话：××市××区××路×号、××××××××××；纳税人识别号：××××××××××××××××；开户行及账号：中国工商银行南宁江南支行××××××××××××××××××××。

销 售 单

购货单位：D公司　　　　　　　　　地址、电话：××市××区××路×号××××××××××

单据编号：S156236836　　　　　　　制单日期：2019年07月21日

纳税人识别号：×××××××××××××　开户行及账号：中国工商银行南宁分行××××××××××××××

编码	产品名称	规格	单位	单价	数量	金额	备注
01	打印机	#221	台	800	50	40 000.00	不含税
02	传真机	#401	台	600	100	60 000.00	不含税
合计	人民币（大写）：壹拾万元整					￥100 000.00	

总经理：兰明　　　销售经理：赖丽　　　经手人：王福　　　会计：李军　　　签收人：

图7-7　销售单

广西增值税专用发票　　　No 45065335

开票日期：　　年　月　日

购货单位	名　　　称： 纳税人识别号： 地址、电话： 开户行及账号：					密码区	略		第一联：记账联　销货方记账凭证
货物或应税劳务名称	规格型号	单位	数量	单价	金额	税率	税额		
合　　计									
价税合计（大写）				（小写）￥					
销货单位	名　　　称： 纳税人识别号： 地址、电话： 开户行及账号：				备注				

收款人：　　　　　复核：　　　　　开票人：　　　　　销货单位（章）：

图7-8　增值税专用发票

7. 开具增值税普通发票

2019年6月27日，B公司销售给D公司一批货物（适用增值税税率为13%），根据相关信息开具增值税普通发票（本公司发票专用章由开票人保管）。原始凭证：销售单（见图7-9）。增值税普通发票格式如图7-10所示。D公司地址、电话：××市××路×号、×××××××××××；纳税人识别号：××××××××××××××××；开户行及账号：中国工商银行南宁分行××××××××××××。

销 售 单

购货单位：D公司　　　　　　　地址、电话：××市××区××路×号××××××××××

单据编号：S264375913　　　　　制单日期：2019 年 06 月 27 日

纳税人识别号：×××××××××××××　开户行及账号：中国工商银行南宁分行××××××××××××××××

编码	产品名称	规格	单位	单价	数量	金额	备注
04	棉被	MB－150	床	200	100	20 000.00	不含税
05	棉被	MB－180	床	300	200	60 000.00	不含税
合计	人民币（大写）：捌万元整					￥80 000.00	

总经理：李勋　　　销售经理：吴宗　　　经手人：鲁丽　　　会计：赵盖　　　签收人：

图 7－9　销售单

450012460　　　**广西增值税普通发票**　　　No 03171157

开票日期：　　年　月　日

购货单位	名　　　称： 纳税人识别号： 地址、电话： 开户行及账号：					密码区	略	
货物或应税劳务名称	规格型号	单位	数量	单价	金额	税率	税额	
合　计								
价税合计（大写）				（小写）￥				
销货单位	名　　　称： 纳税人识别号： 地址、电话： 开户行及账号：			备注				

收款人：　　　复核：　　　　开票人：　　　　销货单位（章）：

第一联：记账联　销货方记账凭证

图 7－10　增值税普通发票

8. 入库单的填写 1

2019 年 6 月 10 日，C 公司采购部购入一批电脑，请根据原始凭证填写入库单（验收仓库是第三仓库，按照实际价格入库）。原始凭证：增值税专用发票（见图 7－11）。入库单格式如图 7－12 所示。

450014218　　　　　**广西增值税专用发票**　　　No 05261369

开票日期：　2019　年 06　月 10　日

| 购货单位 | 名　　称：C公司 纳税人识别号：××××××××××××× 地址、电话：××市××区××路 ×号 ×××××××××× 开户行及账号：中国工商银行南宁友爱支行××××××××××××××× | | | | | 密码区 | 略 |

货物或应税劳务名称	规格型号	单位	数量	单价	金额	税率	税额
电脑	LX–586	台	50	3 200.00	160 000.00	13%	20 800.00
合　计					160 000.00		20 800.00

| 价税合计（大写） | 人民币壹拾捌万零捌佰元整 | （小写）¥180 800.00 |

| 销货单位 | 名　　称：D公司 纳税人识别号：××××××××××××× 地址、电话：××市××区××路 ×号 ×××××××××× 开户行及账号：中国工商银行南宁分行××××××××××××××××× | 备注 |

收款人：　　　　复核：　　　　开票人：毛颖　　　　销货单位（章）：

第三联：发票联　购货方记账凭证

图 7 – 11　增值税专用发票

入库单

年　月　日　　　　　　　　　单号：00037869

交来单位及部门			发票号码或生产单号码		验收仓库		入库日期		
编号	名称及规格	单位	数　量		实际价格		计划价格		价格差异
			交库	实收	单价	金额	数量	金额	
合计									

部门经理：　　　　会计：　　　　仓库：　　　　经办人：魏平

图 7 – 12　入库单

9. 入库单的填写 2

2019 年 10 月 9 日，D 公司采购部购入一批商品，请根据原始凭证填写入库单（验收仓库：第七仓库，采用实际成本法）。原始凭证：增值税专用发票（见图 7 – 13）。入库单格式如图 7 – 14 所示。

450019416　　　　**广西增值税专用发票**　　　　No 025617825

开票日期：　2019　年　10　月　9　日

<table>
<tr><td rowspan="4">购货单位</td><td>名　　　称：D公司</td><td rowspan="4">密码区</td><td rowspan="4">略</td><td rowspan="8">第三联：发票联　购货方记账凭证</td></tr>
<tr><td>纳税人识别号：×××××××××××××</td></tr>
<tr><td>地址、电话：××市××区××路×号 ××××××××××</td></tr>
<tr><td>开户行及账号：中国工商银行南宁分行 ×××××××××××××××</td></tr>
<tr><td>货物或应税劳务名称</td><td>规格型号</td><td>单位</td><td>数量</td><td>单价</td><td>金额</td><td>税率</td><td>税额</td></tr>
<tr><td>电风扇</td><td>TF-216</td><td>台</td><td>100</td><td>200.00</td><td>20 000.00</td><td>13%</td><td>2 600.00</td></tr>
<tr><td>合　　计</td><td></td><td></td><td></td><td></td><td>20 000.00</td><td></td><td>2 600.00</td></tr>
<tr><td>价税合计（大写）</td><td colspan="4">人民币贰万贰仟陆佰元整</td><td colspan="3">（小写）￥22 600.00</td></tr>
</table>

销货单位	名　　　称：E公司	备注
	纳税人识别号：×××××××××××××	
	地址、电话：××市××区××路×号 ××××××××××	
	开户行及账号：中国工商银行柳州分行 ×××××××××××××	

收款人：　　　　复核：　　　　开票人：张安　　　　销货单位（章）：

图 7-13　增值税专用发票

入库单

年　　月　　日　　　　　　　　　　　　　　单号：00042374

交来单位及部门			发票号码或生产单号码		验收仓库		入库日期		

<table>
<tr><td rowspan="2">编号</td><td rowspan="2">名称及规格</td><td rowspan="2">单位</td><td colspan="2">数　　量</td><td colspan="2">实际价格</td><td colspan="2">计划价格</td><td rowspan="2">价格差异</td></tr>
<tr><td>交库</td><td>实收</td><td>单价</td><td>金额</td><td>数量</td><td>金额</td></tr>
<tr><td></td><td></td><td></td><td></td><td></td><td></td><td></td><td></td><td></td></tr>
<tr><td></td><td></td><td></td><td></td><td></td><td></td><td></td><td></td><td></td></tr>
<tr><td></td><td></td><td></td><td></td><td></td><td></td><td></td><td></td><td></td></tr>
<tr><td>合计</td><td></td><td></td><td></td><td></td><td></td><td></td><td></td><td></td></tr>
</table>

部门经理：　　　　会计：　　　　仓库：　　　　经办人：张三

图 7-14　入库单

10. 收料单的填写

2019年5月10日，A公司从B公司购进丙酮，以转账方式结算，请填写收料单（发货数与实收数一致；合同号：Q058）。原始凭证：增值税专用发票（见图7-15）。收料单格式如图7-16所示。

020163248　　　　　　广西增值税专用发票　　　No 017241657

开票日期：　2019　年 05 月 10 日

购货单位	名　　　　称：A公司 纳税人识别号：××××××××××××× 地址、电话：××市××区××路×号 ×××××××××× 开户行及账号：中国工商银行南宁江南支行 ××××××××××××××						密码区	略

货物或应税劳务名称	规格型号	单位	数量	单价	金额	税率	税额
丙酮	SW-10	千克	1 000.00	100.00	100 000.00	13%	13 000.00
合　计					100 000.00		13 000.00

价税合计（大写）	人民币壹拾壹万叁仟元整	（小写）¥113 000.00

销货单位	名　　　　称：B公司 纳税人识别号：××××××××××××× 地址、电话：××市××区××路×号 ×××××××××× 开户行及账号：中国工商银行南宁兴宁支行××××××××××××××××	备注

收款人：　　　　　复核：　　　　　开票人：张三　　　　　销货单位（章）：

第三联：发票联　购货方记账凭证

图 7－15　增值税专用发票

收　料　单
年　　月　　日

编码：02

材料编号	材料名称	规格	材质	单位	数量		实际单价	材料金额	运杂费	合计（材料实际成本）
					应收	实收				
A02										
供货单位			结算方法				合同号		计划单价	材料计划成本
备注										

主管：　　　　　质量检验员：　　　　　仓库验收：　　　　　经办人：张三

图 7－16　收料单

11. 领料单的填写

2017 年 7 月 3 日，A 公司运输部领用火花塞 100 个，用于修理汽车。请填写领料单（请领数量与实发数量一致），其格式如图 7－17 所示。

12. 出库单的填写

2019 年 9 月 18 日，B 公司销售一批大米给 D 公司，请填写出库单（出货仓库是第三仓库）。原始凭证：销售单（见图 7－18）。出库单格式如图 7－19 所示。

领料单

领料单位：
用途： 　　　　　　　　年　月　日

编号：
发料仓库：

材料编号	材料类别	名称	规格	计量单位	数量		金额	
					请领	实发	单价	金额
备注：				合计				
主管：		记账：		领料单位负责人：		领料人：王俊		发料人：

图 7 – 17　领料单

销售单

购货单位：D 公司　　　　　　纳税人识别号：×××××××××××××××
地址、电话：××市××区××路×号　　　　　　单据编号：072367128
开户行及账号：中国工商银行南宁分行××××××××××　　　制单日期：2019 年 09 月 18 日

编码	产品名称	规格	单位	单价	数量	金额	备注
06	大米		千克	12.00	10 000	120 000.00	不含税价
合计	人民币（大写）：壹拾贰万元整					￥120 000.00	
总经理：李四	销售经理：王辉		经手人：廖云		会计：张三	签收人：	

图 7 – 18　销售单

出库单

出货单位：　　　　　　　　　年　月　日　　　　　　　　　单号：096437

提货单位或领货部门		销售单号		发出仓库		出库日期	
编号	名称及规格		单位	数量		单价	金额
				应发	实发		
合　计							
部门经理：		会计：		仓库：		经办人：	

图 7 – 19　出库单

13. 限额领料单的填写

2019 年 2 月，C 公司第四生产车间共领用了四次红麻纤维纸浆（规格是 A 级），原材料编号为 A007，用于生产精品纸张（2 月 1 日领用了 60 吨，2 月 11 日领用了 20 吨，2 月 21 日领用了 20 吨，领料人均是张三，发料人均是李四）。此原材料当月限额领料数量为 150

吨。请根据相关信息填写限额领料单（发料仓库是第四仓库，申领数量与实发数量一致，无代用数量和退料数量，限额结余需填写）。限额领料单格式如图7-20所示。

限额领料单

领料部门：　　　　　　　　　　　　　　　　　　　　　　　　　　　　　凭证号：00000618

用途：　　　　　　　　　　　　　年　月　日　　　　　　　　　发出仓库：

材料类别	材料编号	材料名称及规格	计量单位	领用限额	实际领用	单价	金额	备注

| 供应部门负责人： | | | | 生产计划部门负责人： | | | | |

日期	数量		领料人签章	发料人签章	扣除代用数量	退料			限额结余
	请领	实发				数量	收料人	发料人	

图7-20　限额领料单

14. 工资表的填写

2019年8月1日，B公司根据工资资料编制工资表。原始凭证：7月工资资料（见图7-21）。工资表格式如图7-22所示。

7月工资资料

编制单位：　　　　　　　　　　　　　　　　　　　　　　　　　　　　　　单位：元

编号	姓名	基本工资	职务工资	奖金	加班工资	应付工资	备注
1	张三	4 600.00	800.00	200.00	300.00	5 900.00	
2	李四	3 400.00	500.00	200.00	200.00	4 300.00	
3	王五	5 200.00	1 000.00	300.00	0.00	6 500.00	
4	赵六	2 900.00	300.00	100.00	300.00	3 600.00	
5	孙七	3 700.00	500.00	200.00	100.00	4 500.0	
6	周八	4 500.00	800.00	200.00	400.00	5 900.00	
7	……	……	……	……	……	……	个人缴纳养老保险200元，医疗保险50元，住房公积金500元
8							
9							
10							
11							
12							
13							
14							
15							
16							

图7-21　7月工资资料

7 月工资表

制表日期：2019 年 08 月 01 日

顺序号	工号及姓名	基本工资	职务工资	奖金	加班工资	（一）产病工资			（一）事假		应发工资	代扣款项				实发金额	领款人签章
						日数	%	工资	日数	工资		养老保险	医疗保险	住房公积金	个人所得税		
1																	
2																	
3																	
4																	
5																	
6																	
7																	
8																	
9																	
10																	
合计																	

图 7 - 22　7 月工资表

15. 固定资产转移单的填写

2019 年 7 月 19 日，C 公司因业务量增加，急需扩大生产规模，故将一台原由资产保管部门保管的机床转入第一生产车间，请填写固定资产转移单。原始凭证：固定资产卡片（见图 7 - 23）。固定资产转移单格式如图 7 - 24 所示。

固定资产卡片

使用单位：　　　　　　　　　　　　　　　　填表日期：2019 年 06 月 12 日

类别	机器设备	出厂或交接验收日期	2019 年 06 月 12 日	预计使用年限	20 年
编号	36291	购入或使用日期	2019 年 06 月 12 日	预计残值	40 000.00
名称	机床	放置或使用地址	资产保管部门	预计清理费用	0
型号规格	BQ806	负责人	刘丽	月折旧率	0.5%
建造单位		总造价	240 000.00	月大修理费用提存率	
设备主要技术参数或建筑物占地面积、建筑面积及结构		设备主要配件名称、数量或建筑物附设设备	大修理记录		固定资产改变记录
			时间	项目	

图 7 - 23　固定资产卡片

固定资产转移单

变动日期　　年　　月　　日

资产编号	固定资产名称	型号	数量	转出部门	转入部门	备注
转移原因						
转入部门			部门领导		资产管理员	
转出部门			部门领导		资产管理员	
资产办公室领导签字：						

图 7 – 24　固定资产转移单

16. 固定资产报废单的填写

2019 年 6 月 21 日，A 公司生产车间的一台排风机到期报废，请填写固定资产报废单。原始凭证：固定资产卡片（见图 7 – 25）。固定资产报废单格式如图 7 – 26 所示。

固定资产卡片

使用单位：　　　　　　　　　　填表日期：2014 年 06 月 21 日

类别	机器设备	出厂或交接验收日期	2014 年 06 月 21 日	预计使用年限	5 年
编号	36721	购入或使用日期	2014 年 06 月 21 日	预计残值	3 000.00
名称	排风机	放置或使用地址	生产车间	预计清理费用	
型号规格	FW315	负责人	王芳	月折旧率	2.4%
建造单位		总造价	50 000.00	月大修理费用提存率	
设备主要技术参数或建筑物占地面积、建筑面积及结构	设备主要配件名称、数量或建筑物附设设备	大修理记录		固定资产改变记录	
		时间	项目		

图 7 – 25　固定资产卡片

固定资产报废单

年　　月　　日　　　　　　　　　　　　　　　　　凭证编号：

固定资产名称及编号	规格型号	单位	数量	购买日期	已计提折旧月数	原始价值	已提折旧	备注
固定资产状况及报废原因								
处理意见	使用部门		技术鉴定小组		固定资产管理部门		主管部门审批	

审核：　　　　　　　　　　　　　　　　　　　　　　　　　　制单：

图 7 – 26　固定资产报废单

17. 周转材料盘点报告表的填写

2019 年 6 月 30 日，A 公司第一仓库盘点周转材料螺钉（编号 35），计量单位：千克，单价 30 元。账面结存数量为 2 600 千克，金额 78 000 元。实际盘点的结果如下：数量 2 300 千克，金额 69 000 元。请填写周转材料盘点报告表，其格式如图 7－27 所示。

周转材料盘点报告表

单位名称：　　　　　　　　　　　　年　月　日　　　　　　　　　　　　单位：元

编号	类别及名称	计量单位	单价	实存		账存		对比结果				备注
				数量	金额	数量	金额	盘盈		盘亏		
								数量	金额	数量	金额	

监盘人：　　　　　　　　　　　　　　　　　　　　盘点人：

图 7－27　周转材料盘点报告表

三、实训提示

（一）支票的填写及使用要求

支票是出票人签发的，委托办理支票存款业务的银行在见票时无条件支付确定的金额给收款人或者持票人的票据。支票上印有"现金"字样的为现金支票，现金支票只能用于支取现金。单位和个人在同一票据交换区域的各种款项结算，均可以使用支票。

（1）签发支票的金额不得超过付款时付款人实有的存款金额，禁止签发空头支票。

（2）签发现金支票必须符合国家现金管理的规定。支票的提示付款期限为自出票日起 10 日。

（3）填写出票日期时，出票日期必须使用中文大写，不得更改。月为壹、贰和拾的，应在其前加"零"。日为壹至玖以及壹拾、贰拾以及叁拾的，应在其前加"零"；日为拾壹至拾玖的，应在其前加"壹"。

（4）需填写付款行名称和出票人账号，即出票人的开户银行名称及存款账户的账号。

（5）需填写收款人全称，且不得更改。

（6）需填写人民币大写金额，且不得更改。大写金额数字应紧接"人民币"字样填写，不得留有空白；填写小写金额，前面应加人民币符号"￥"，大、小写金额必须一致。

（7）需填写款项的用途，用途必须符合国家现金管理的规定。

（8）需出票人签章，即企业财务专用章和法人代表章。

（9）存根联的出票日期与正联的出票日期应一致，可用小写；存根联的收款人与正联的收款人应一致；存根联的金额与正联的金额应一致，可用小写。

（二）进账单的填写

（1）进账单是持票人或收款人将票据款项存入收款人所在银行账户的凭证，也是银行将票据款项计入收款人账户的凭证。

（2）填写银行进账单时，必须清楚地填写票据种类、票据张数、收款人名称、收款人开户银行及账号、付款人名称、付款人开户银行及账号、票据金额等，并连同相关票据一并交给银行经办人员。

（3）进账单一式三联，第一联回单联交给持票人，作为受理票据的依据，第二联交给银行作贷方凭证，第三联为收款通知，交给收款人。

（三）收款收据的填写

收款单位根据交款人交来的款项填写收据，写明交款单位、交款的原因和数额，当面清点交款数额后，将收据交给交款人收存。

（四）增值税专用发票的填写

增值税是对在我国境内销售货物或者提供加工、修理修配劳务及进口货物的单位和个人，就其取得的货物或应税劳务销售额计算税款，并实行税款抵扣的一种流转税。增值税专用发票填写时应注意以下几点：

（1）发票日期按公历用阿拉伯数字填写；单位名称填写全称，地址、电话不能省略；纳税人识别号按全国统一的税务登记证件代码填写。开户银行及账号按购货单位开户银行名称和支票注明账号填写。

（2）"货物或应税劳务名称"栏可填写货物名称或应税劳务种类等，不同货物或应税劳务名称应分别填列，一张发票最多填写三种货物或应税劳务名称。

（3）"规格型号""单位""数量"栏应填写货物的规格型号、单位和数量。

（4）"金额"栏应填写不含税的销售额，在票面上反映的是数量和单价的乘积。"金额合计"栏应填写本张发票所填开的不含税销售额之和，数量、单位的合计栏不填写。

（5）"税率"栏应填写依据税收法规所确定的税率，税率合计栏不填写；"税额"栏应填写金额与税率的乘积；"税额合计"栏应填写本张发票的税额合计数。

（6）"价税合计"栏应填写金额合计加上税额之和，并用汉字大写数字和阿拉伯数字同时填写。

（7）"购货单位"栏由收款人（开票人）签章或盖章，"销货单位"栏应加盖在税务机关发票发售部门预留印鉴的"发票专用章"。

（8）增值税专用发票共三联：第一联是记账联，是销货方的记账凭证；第二联是抵扣联（购货方用来扣税）；第三联是发票联（购货方用来记账）。

（五）入库单的填写

入库单是指企业从其他单位采购的原材料或产品入库时所填写的单据。它除了记录商品的名称、商品的编号、实际验收数量、进货价格等内容外，还要记录与采购有关的合同编号、采购价格、结算方式等内容。

入库单一般为一式三联，第一联留作仓库登记实物账；第二联交给采购部门，作为采购员办理付款的依据；第三联交给财务部门记账。根据不同的需要，也可以增加一联，交给送货人员，留作商品已经送到的依据。

（六）领料单的填写

领料单一般为一式四联：第一联为存根联，留领料部门备查；第二联为记账联，留会计部门作为出库材料的核算依据；第三联为保管联，留仓库作为登记材料明细账的依据；第四联为业务联，留供应部门作为物资供应统计的依据。

领料单由车间经办人员填制，车间负责人、领料人、仓库管理员和发料人均需在领料单上签字，无签章或签章不全的均无效，不能作为记账的依据。

实训二　原始凭证的审核

一、实训目的

通过审核原始凭证，学生可以掌握审核原始凭证的要求与方法，熟悉审核原始凭证的一般要求，提高鉴别原始凭证真实性、合法性、合理性的能力，对审核后的原始凭证能区别不同情况进行处理。

二、实训资料和要求

1. 原始凭证的审核——增值税发票

2019 年 7 月 5 日，A 公司取得 1 272 元发票，请审核原始发票，并选择正确的原始凭证。增值税专用发票如图 7 - 28 ~ 图 7 - 30 所示。

450021372　　　　广西增值税专用发票　　　　No 04151437

开票日期：2019 年 07 月 05 日

购货单位	名　　　称：A公司 纳税人识别号：×××××××××××××× 地址、电话：××市××区××路×号 ×××××××××× 开户行及账号：中国工商银行南宁江南支行 ××××××××××××××	密码区	略
货物或应税劳务名称	规格型号	单位	数量	单价	金额	税率	税额

货物或应税劳务名称	规格型号	单位	数量	单价	金额	税率	税额
会务费					1 200.00	6%	72.00
合　　计					1 200.00		72.00

价税合计（大写）	人民币壹仟贰佰柒拾贰元整	（小写）¥1 272.00

销货单位	名　　　称：E公司 纳税人识别号：××××××××××× 地址、电话：××市××区××路×号 ×××××××××× 开户行及账号：中国工商银行柳州分行 ××××××××××××××	备注

收款人：　　　　复核：　　　　开票人：林丽　　　　销货单位（章）：

第一联：记账联　销货方记账凭证

图 7 - 28　增值税专用发票

450021372 　　　**广西增值税专用发票**　　　No 04151437

开票日期：2019 年 07 月 05 日

购货单位	名　　称：A公司 纳税人识别号：×××××××××× 地址、电话：××市××区××路×号 ×××××××××× 开户行及账号：中国工商银行南宁江南支行×××××××××××××××	密码区	略

货物或应税劳务名称	规格型号	单位	数量	单价	金额	税率	税额
会务费					1 200.00	6%	72.00
合　　计					1 200.00		72.00

价税合计（大写）	人民币壹仟贰佰柒拾贰元整		（小写）￥1 272.00

销货单位	名　　称：E公司 纳税人识别号：×××××××××× 地址、电话 ××市××区××路×号 ×××××××××× 开户行及账号：中国工商银行柳州分行×××××××××××××××	备注	

收款人：　　　　　复核：　　　　　开票人：林丽　　　　　销货单位（章）：

第二联：抵扣联　购买方记账凭证

图7－29　增值税专用发票

450021372 　　　**广西增值税专用发票**　　　No 04151437

开票日期：2019 年 07 月 05 日

购货单位	名　　称：A公司 纳税人识别号：×××××××××× 地址、电话：××市××区××路×号 ×××××××××× 开户行及账号：中国工商银行南宁江南支行×××××××××××××××	密码区	略

货物或应税劳务名称	规格型号	单位	数量	单价	金额	税率	税额
会务费					1 200.00	6%	72.00
合　　计					1 200.00		72.00

价税合计（大写）	人民币壹仟贰佰柒拾贰元整		（小写）￥1 272.00

销货单位	名　　称：E公司 纳税人识别号：×××××××××× 地址、电话 ××市××区××路×号 ×××××××××× 开户行及账号：中国工商银行柳州分行×××××××××××××××	备注	

收款人：　　　　　复核：　　　　　开票人：林丽　　　　　销货单位（章）：

第三联：发票联　购买方记账凭证

图7－30　增值税专用发票

2. 原始凭证的审核——发票

2019 年 1 月 2 日，A 公司办公室张俊购买办公用品到财务科报销，填好报销单，其报销单下附原始凭证包括哪些？增值税普通发票、入库单、领料单如图 7-31～图 7-33 所示。

450031461　　　　广西增值税普通发票　　　No 02184257

开票日期：2019 年 01 月 02 日

购货单位	名　　称：A公司 纳税人识别号：××××××××××××××× 地址、电话：××市××区××路 ×号 ××××××× 开户行及账号：中国工商银行南宁江南支行×××××××××××××					密码区	略	
货物或应税劳务名称	规格型号	单位	数量	单价	金额	税率	税额	
文件夹 笔记本		个 本	50 100	10.00 20.00	500.00 2 000.00	13%	65.00	
合　计					2 500.00		260.00	
价税合计（大写）	人民币贰仟柒佰陆拾元整				（小写）¥2 760.00			
销货单位	名　　称：D公司 纳税人识别号：××××××××××××××× 地址、电话：××市××区××路 ×号 ××××××× 开户行及账号：中国工商银行南宁分行×××××××××××××					备注		

收款人：　　　　复核：　　　　开票人：王五　　　　销货单位（章）：

第一联：记账联　销货方记账凭证

图 7-31　增值税普通发票

入库单

2019 年 01 月 02 日

单号：00034162

交来单位及部门		D公司		发票号码或生产单号码	02184257	验收仓库		第二仓库	入库日期		2019.01.02
编号	名称及规格	单位	数　量		实际价格		计划价格		价格差异		
			交库	实收	单价	金额	数量	金额			
01	文件夹	个	50	50	10.00	500.00					
02	笔记本	本	100	100	20.00	2 000.00					
合　计						2 500.00					

部门经理：刘辉　　　　会计：张三　　　　仓库：李四　　　　经办人：张俊

图 7-32　入库单

领料单

领料单位：办公室　　　　　　　　　　　　　　　　　　　　编号：048

用　　途：办公用　　　　　　　2019 年 01 月 02 日　　　　　发料仓库：第二仓库

材料编号	材料类别	名称	规格	计量单位	数量		金额	
					请领	实发	单价	金额
01		文件夹		个	50	50	10.00	500.00
02		笔记本		本	100	100	20.00	2 000.00
	备注：		合　计					2 500.00
主管：赵六		记账：张三	领料单位负责人：刘明			领料人：王俊		发料人：李四

图 7 - 33　领料单

3. 原始凭证的审核——借款单

2019 年 4 月 5 日，D 公司采购部采购员刘晓明出公差，预借差旅费 2 000 元，其填写的借款单如图 7 - 34 所示。请审核该原始凭证，如果填写有误，请帮其填写正确的单据。

借款单

　　　　　　　　　　　　　2019 年 04 月 05 日　　　　　　　　　　　第 128 号

借款部门	生产部门	姓名	刘晓明	事由	公差
借款金额（大写）	零万贰仟零元零角零分		￥2 000.00		
部门负责人签署		借款人签章	刘晓明	注意事项	一、凡借用公款必须使用本单 二、出差返回后 3 天内结算
单位领导批示		财务经理 审核意见			

图 7 - 34　借款单

4. 原始凭证的审核——进账单

2019 年 7 月 4 日，A 公司的出纳李晓宗到银行办理转账支票进账（交易金额是 80 000 元），填写的进账单如图 7 - 35 所示。请审核该原始凭证，如果填写有误，请帮其填写正确的单据。

银行进账单（收账通知）

2019 年 07 月 04 日

出票人	全称	B 公司				收款人	全称	A 公司						
	账号	××××××××××××××××					账号	××××××××××××××××						
	开户行	中国工商银行兴宁支行					开户行	中国工商银行南宁江南分行						
人民币（大写）		捌万元整		千	百	十	万	千	百	十	元	角	分
						¥	8	0	0	0	0	0	0
票据种类		支票			转讫 收款人开户行盖章								
票据号码													
复核　　记账													

图 7 - 35　银行进账单

三、实训提示

（一）增值税发票的审核

主要审核增值税发票开具时的主要项目是否填写完整，特别是购货方和销货方名称、纳税人识别号、地址、电话、开户行及账号不能漏填或错填，税额和价税合计是否正确，金额大、小写是否一致，发票上销货方的财务印鉴是否清晰可辨，取得的发票是否为抵扣税款联和记账联。

（二）发票的审核

主要审核是否印有税务局监制章，购货单位、商品或劳务名称、金额计算是否正确，大、小写金额是否一致，是否加盖供应单位发票专用章。

（三）借款单的审核

主要审核审批人是否签名，大、小写金额是否一致，借款人是否签名等。

（四）进账单的审核

主要审核收、付款人账户及开户银行名称是否正确，进账单上的金额是否与支票金额一致，大、小写金额是否一致等。

实训三　记账凭证的填制

一、实训目的

通过编制记账凭证，学生可以掌握根据原始凭证编制各种记账凭证的方法，提高账务处理的能力。

二、实训资料和要求

（一）填制收款凭证

1. 销售收款1

2019 年 7 月 25 日，A 公司销售一批二丙烯基醚，货款已收。请根据原始凭证编制收款凭证（见表 7 - 1）。增值税专用发票、销售单、银行业务回单如图 7 - 36 ~ 图 7 - 38 所示。

450042367　　　　广西增值税专用发票　　　　No 02316538

开票日期：2019 年 07 月 25 日

购货单位	名　　称：C公司 纳税人识别号：×××××××××××× 地址、电话：××市××区××路×号 ×××××××××× 开户行及账号：中国工商银行南宁友爱支行××××××××××××××××××						密码区		略	
货物或应税劳务名称	规格型号	单位	数量	单价	金额	税率	税额			
二丙烯基醚		千克	1 000	280.00	280 000.00	13%	36 400.00			
合　　计					280 000.00		36 400.00			
价税合计（大写）	人民币叁拾壹万陆仟肆佰元整				（小写）¥316 400.00					
销货单位	名　　称：A公司 纳税人识别号：×××××××××××× 地址、电话：××市××区××路×号 ×××××××××× 开户行及账号：中国工商银行南宁江南支行××××××××××××××××××						备注			

收款人：　　　　复核：　　　　开票人：周颖　　　　销货单位（章）：

第一联：记账联　销货方记账凭证

图 7 - 36　增值税专用发票

销　售　单

购货单位：C公司　　　　　　　地址、电话：××市××区××路×号××××××××××
单据编号：S02107642　　　　　制单日期：2019 年 07 月 25 日
纳税人识别号：××××××××××××　开户行及账号：中国工商银行南宁友爱支行××××××××××××××××××

编码	产品名称	规格	单位	单价	数量	金额	备注
01	二丙烯基醚		千克	280.00	1 000	280 000.00	不含税价
合计	人民币（大写）：贰拾捌万元整					¥280 000.00	

总经理：张继明　　　销售经理：李璐　　　经手人：毛晓鑫　　　会计：刘宇　　　签收人：

图 7 - 37　销售单

中国工商银行业务回单

2019 年 07 月 25 日　　　　　　　　　　　　　　　凭证编号：07134561

出票人	全称	C 公司		收款人	全称	A 公司										
	账号	××××××××××××××××××			账号	××××××××××××××××										
	开户银行	中国工商银行南宁友爱支行			开户银行	中国工商银行南宁江南支行										
金额	人民币（大写）	叁拾壹万陆仟肆佰元整			亿	千	百	十	万	千	百	十	元	角	分	
							￥	3	1	6	4	0	0	0	0	
用途				开户银行签章												
备注	业务种类															
	原凭证种类															
	原凭证号码			2019 年 07 月 25 日												
	原凭证金额															

图 7 - 38　银行业务回单

表 7 - 1　收款凭证

借方科目：　　　　　　　　　　　　年　　月　　日　　　　　　　　　凭证编号：

摘要	贷方科目		金额										记账符号
	总账科目	明细科目	千	百	十	万	千	百	十	元	角	分	
附件：　　张		合计											

会计主管：　　　　记账：　　　　复核：　　　　出纳：　　　　制单：

2. 销售收款 2

2019 年 10 月 3 日，C 公司销售一批甘油丙烯醚，货款收回并存入银行。请根据原始凭证编制收款凭证（见表 7 - 2）。银行进账单、增值税专用发票、销售单如图 7 - 39 ～图 7 - 41 所示。

中国工商银行进账单（收账通知）

2019 年 10 月 03 日

出票人	全称	C 公司		收款人	全称	C 公司								
	账号	××××××××××××××××××			账号	××××××××××××××××								
	开户行	中国工商银行南宁友爱支行			开户行	中国工商银行南宁友爱支行								
人民币（大写）		肆拾伍万贰仟元整			千	百	十	万	千	百	十	元	角	分
						￥	4	5	2	0	0	0	0	0
票据种类		支票			转讫 收款人开户行盖章									
票据号码														
		复核　　记账												

图 7 - 39　银行进账单

450042573　　　　　　广西增值税专用发票　　　　　No 02143521

开票日期：2019 年 10 月 03 日

购货单位	名　　称：C公司 纳税人识别号：××××××××××××× 地址、电话：××市××区××路 ×号 ×××××××××× 开户行及账号：中国工商银行南宁友爱支行××××××××××××××	密码区	略

货物或应税劳务名称	规格型号	单位	数量	单价	金额	税率	税额
甘油丙烯醚		件	5 000	80.00	400 000.00	13%	52 000.00
合　计					400 000.00		52 000.00

价税合计（大写）	人民币肆拾伍万贰仟元整　　　　　　　　（小写）¥452 000.00

销货单位	名　　称：C公司 纳税人识别号：××××××××××××× 地址、电话：××市××区××路 ×号 ×××××××××× 开户行及账号：中国工商银行南宁友爱支行××××××××××××××	备注

收款人：　　　　复核：　　　　　　开票人：张三　　　　　　销货单位（章）：

第一联：记账联　销货方记账凭证

图 7 -40　增值税专用发票

销 售 单

购货单位：C公司　　　　　　　　　　地址、电话：××市××区××路×号 ××××××××××

单据编号：S06148392　　　　　　　　制单日期：2019 年 10 月 03 日

纳税人识别号：××××××××××××××　开户行及账号：中国工商银行南宁友爱支行××××××××××××××

编码	产品名称	规格	单位	单价	数量	金额	备注
01	甘油丙烯醚		件	80.00	5 000	400 000.00	不含税价
合计	人民币（大写）：肆拾万元整					¥400 000.00	

总经理：王鹏　　　　销售经理：刘明　　　　经手人：廖英　　　　会计：张玲　　　　签收人：

图 7 -41　销 售 单

表 7 - 2 收款凭证

借方科目： 年 月 日 凭证编号：

摘要	贷方科目		金额										记账符号
	总账科目	明细科目	千	百	十	万	千	百	十	元	角	分	
附件： 张	合计												

会计主管： 记账： 复核： 出纳： 制单：

3. 收回汇票款项

2019 年 7 月 13 日，A 公司商业汇票到期办理进账。请根据原始凭证编制收款凭证（见表 7 - 3）。托收凭证、银行承兑汇票如图 7 - 42、图 7 - 43 所示。

托收凭证（收账通知）

委托日期 2019 年 07 月 13 日 付款期限 2019 年 07 月 13 日

业务类型		委托收款（口邮划、口电划）		托收承付（口邮划、口电划）											
付款人	全称	C 公司			收款人	全称	A 公司								
	账号	××××××××××××××				账号	××××××××××××××								
	地址	××市××区×路×号	开户行	中国工商银行南宁友爱支行		地址	××市××区×路×号	开户行	中国工商银行南宁江南支行						
金额		人民币（大写） 叁万陆仟元整			千	百	十	万	千	百	十	元	角	分	
							¥	3	6	0	0	0	0	0
款项内容	材料款	委托收款凭据名称	银行承兑汇票		附寄单据张数					1					
商品发运情况	已发运	合同名称号码	Z18006												
备注： 复核 记账		上述款项已划回收入你方账户内。 收款人开户银行签章 2019 年 07 月 13 日													

图 7 - 42 托收凭证

4. 收回货款 1

2019 年 7 月 18 日，A 公司收回上月销售款，请根据原始凭证编制收款凭证（见表 7 - 4）。银行进账单如图 7 - 44 所示。

银行承兑汇票

出票日期（大写）贰零壹玖年肆月壹拾伍日

出票人	全称	C公司	收款人	全称	A公司
	账号	××××××××××××××××××		账号	××××××××××××××××××
	开户银行	工商银行南宁友爱支行		开户行	中国工商银行南宁江南支行

| 金额
（大写） | 人民币 叁万陆仟元整 | 亿 | 千 | 百 | 十 | 万 | 千 | 百 | 十 | 元 | 角 | 分 |
| | | | | | ￥ | 3 | 6 | 0 | 0 | 0 | 0 | 0 |

| 汇票到期日 | 贰零壹玖年零柒月壹拾叁日 | 付款行 | 行号 | 207400621582 |
| 承兑协议编号 | 07713628 | | 地址 | ××市××路××号 |

| 本汇票请你行承兑，到期无条件付款。 | 本汇票已经承兑，到期日由本行付款
承兑行签章

承兑日期 2019 年 04 月 15 日 | 密押 |
| 出票人签章 | 备注 | 复核　　　　记账 |

图 7 - 43　银行承兑汇票

表 7 - 3　收款凭证

借方科目：　　　　　　　　　　　　年　月　日　　　　　　　　　凭证编号：

摘要	贷方科目		金额										记账符号
	总账科目	明细科目	千	百	十	万	千	百	十	元	角	分	
附件：　张	合计												

会计主管：　　　　记账：　　　　复核：　　　　出纳：　　　　制单：

中国工商银行进账单（收账通知）

2019 年 07 月 18 日

出票人	全称	B公司	收款人	全称	A公司
	账号	××××××××××××××××××		账号	××××××××××××××××××
	开户行	中国工商银行南宁兴宁支行		开户行	中国工商银行南宁江南支行

| 人民币
（大写） | 贰拾贰万陆仟元整 | 千 | 百 | 十 | 万 | 千 | 百 | 十 | 元 | 角 | 分 |
| | | | ￥ | 2 | 2 | 6 | 0 | 0 | 0 | 0 | 0 |

票据种类	支票		转 讫 收款人开户行盖章
票据号码			
	复核　　　记账		

图 7 - 44　银行进账单

表 7 - 4　收款凭证

借方科目：　　　　　　　　　　　　　　　年　　月　　日　　　　　　　　　　　凭证编号：

摘要	贷方科目		金额										记账符号
	总账科目	明细科目	千	百	十	万	千	百	十	元	角	分	
附件：　　张	合计												

会计主管：　　　　　记账：　　　　　复核：　　　　　出纳：　　　　　制单：

5. 收回货款 2

2019 年 12 月 1 日，A 公司收到 B 公司所欠货款。请根据原始凭证编制收款凭证（见表 7 - 5）。银行业务回单如图 7 - 45 所示。

中国工商银行业务回单

2019 年 12 月 01 日　　　　　　　　　　　凭证编号：21468729

出票人	全称	B 公司	收款人	全称	A 公司									
	账号	××××××××××××××××		账号	××××××××××××××××									
	开户银行	中国工商银行南宁兴宁支行		开户银行	中国工商银行南宁江南支行									
金额	人民币（大写）	陆万伍仟元整			亿	千	百	十	万	千	百	十	元	角	分
								¥	6	5	0	0	0	0	0
用途		货款	开户银行签章											
备注	业务种类													
	原凭证种类													
	原凭证号码													
	原凭证金额		2019 年 12 月 01 日											

图 7 - 45　银行业务回单

表 7 - 5　收款凭证

借方科目：　　　　　　　　　　　　　　　年　　月　　日　　　　　　　　　　　凭证编号：

摘要	贷方科目		金额										记账符号
	总账科目	明细科目	千	百	十	万	千	百	十	元	角	分	
附件：　　张	合计												

会计主管：　　　　　记账：　　　　　复核：　　　　　出纳：　　　　　制单：

6. 预收货款

2019 年 10 月 24 日，C 公司收到 D 公司转来的预付货款，请根据原始凭证编制收款凭证（见表 7-6）。银行进账单、购销合同如图 7-46、图 7-47 所示。

中国工商银行进账单（收账通知）

2019 年 10 月 24 日

出票人	全称	D 公司		收款人	全称	C 公司							
	账号	××××××××××××××××××			账号	××××××××××××××××××							
	开户行	中国工商银行南宁分行			开户行	中国工商银行南宁友爱支行							

人民币 （大写）	贰万元整	千	百	十	万	千	百	十	元	角	分
				¥	2	0	0	0	0	0	0

票据种类	支票		转 讫
票据号码			
复核　　记账			收款人开户行盖章

图 7-46　银行进账单

购销合同

购方：D 公司　　　　　合同编号：4501316

销方：C 公司　　　　　签约地点：××市××区××路×号

供需双方本着互惠互利、长期合作的原则，根据《中华人民共和国合同法》及双方的实际情况，订立本合同，以使双方在合同履行中共同遵守。

一、产品名称、数量单价、金额

产品名称	规格型号	计量单位	数量	单价	金额	备注
油漆		桶	400	100.00	40 000.00	
						不含税价
合计					¥40 000.00	
合计人民币（大写）肆万元整						

二、质量要求技术标准

供方对质量负责的条件和期限：按合同企业标准。

三、交提货地点、方式

销货方送至购货方仓库

四、付款时间与方式

（1）双方协定预付货款 20 000 元。

（2）产品交货时间为 2019 年 11 月 10 日。

图 7-47　购销合同

表7-6　收款凭证

借方科目：　　　　　　　　　　　　　　　　　年　　月　　日　　　　　　　　　　　　凭证编号：

摘要	贷方科目		金额										记账符号
	总账科目	明细科目	千	百	十	万	千	百	十	元	角	分	
附件：　　张	合计												

会计主管：　　　　记账：　　　　复核：　　　　出纳：　　　　制单：

7. 收回员工借款

2019年10月6日，B公司采购员王珊报销差旅费，退回多余款。请根据原始凭证编制收款凭证（见表7-7）。收款收据如图7-48所示。

收款收据　　　　　　　　　　　　　　　　　　　　　NO：26147836

2019 年 10 月 06 日

今收到　王珊

交来：　预借差旅费余款

金额（大写）　零　拾　零　万　壹　仟　陆　佰　肆　拾　零　元　零　角　零　分

¥　1 640.00　□现金　□支票　□信用卡　□其他　　　收款单位（签章）

核准：　　　　会计：　　　　记账：　　　　出纳：　　　　经手人：

图7-48　收款收据

表7-7　收款凭证

借方科目：　　　　　　　　　　　　　　　　　年　　月　　日　　　　　　　　　　　　凭证编号：

摘要	贷方科目		金额										记账符号
	总账科目	明细科目	千	百	十	万	千	百	十	元	角	分	
附件：　　张	合计												

会计主管：　　　　记账：　　　　复核：　　　　出纳：　　　　制单：

8. 银行借款

2019 年 12 月 23 日，B 公司向银行借入短期借款，请根据原始凭证编制收款凭证（见表 7-8）。借款借据、借款合同如图 7-49、图 7-50 所示。

借款借据（收账通知）

借款日期 2019 年 12 月 23 日   借据编号 431862

收款单位	全称	B 公司	付款单位	全称	中国工商银行南宁兴宁支行
	账号	××××××××××××××××××		账号	4501000100125001214
	开户银行	中国工商银行南宁兴宁支行		开户银行	中国工商银行南宁兴宁支行

借款金额	人民币（大写）	壹佰贰拾万元整	亿	千	百	十	万	千	百	十	元	角	分
				¥	1	2	0	0	0	0	0	0	0

借款原因及用途	生产周转金	借款期限	2019 年 12 月 23 日至 2020 年 03 月 22 日

你单位上列借款，已转入你单位结算账户内。

此致

（银行盖章）

图 7-49 借款借据

借款合同

借款单位：（以下简称借方）B 公司
贷款单位：（以下简称贷方）中国工商银行南宁兴宁支行
借款方为生产周转需要，特向贷款方申请借款，经贷款方审核同意发放，为明确双方责任，恪守信用，特签订本合同，共同遵守。
第一，借款方贷款方借款人民币（大写）壹佰贰拾万元整，期限三个月，从 2019 年 12 月 23 日至 2020 年 03 月 22 日，年利率为 6%，自支用贷款之日起，按月计算利息，按季结算，到期日归还本金。
第二，贷款方应如期向借款方发放贷款，否则，按违约数额和延期天数，付给借款方违约金，违约金数额的计算，与逾期贷款罚息相同，即为 1%。
第三，贷款利率为年利率 6%。
第四，借款方应按合同使用贷款，不得转移用途，否则，贷款方有权提前终止合同。
第五，借款方保证按借款合同所定期限归还贷款本息，如需延期，借款方应在贷款到期前三天，提出延期申请，经贷款方同意，办理延期手续，但延期最长不得超过原订合同期限的一半，贷款方未同意延期或未办理延期手续的逾期贷款，加收罚息。
第六，借款方以房产（价值 500 万元）作为借款抵押，房产证件由贷款方保管（或公证机关保管），公证费由借款方负担。
第七，贷款到期，借款方未归还贷款，又未办理延期手续，贷款方有权依照法律程序处理借款方作为贷款抵押的物资和财产，返还借款本息。
第八，本合同正本两份，借贷各执一份。
第九，本合同自签订之日起生效，贷款本息全部结清后失效。
借款单位：B 公司（签章）   贷款单位：中国工商银行南宁兴宁支行（签章）
签约日期：2019 年 12 月 22 日   签约日期：2019 年 12 月 22 日

图 7-50 借款合同

9. 收到投资款

2019 年 10 月 18 日，B 公司收到投资人 D 公司投资款，请根据原始凭证编制收款凭证（见表 7-9）。银行进账单、验资报告（复印件）如图 7-51、图 7-52 所示。

表 7 - 8　收款凭证

借方科目：　　　　　　　　　　　年　　月　　日　　　　　　　　　　凭证编号：

摘要	贷方科目		金额										记账符号
	总账科目	明细科目	千	百	十	万	千	百	十	元	角	分	
附件：　　张	合计												

会计主管：　　　　　记账：　　　　　复核：　　　　　出纳：　　　　　制单：

中国工商银行进账单（收账通知）

2019 年 10 月 18 日

出票人	全称	D 公司		收款人	全称	B 公司								
	账号	××××××××××××××××××			账号	××××××××××××××××××								
	开户行	中国工商银行南宁分行			开户行	中国工商银行南宁兴宁支行								
人民币（大写）		贰拾伍万元整			千	百	十	万	千	百	十	元	角	分
						¥	2	5	0	0	0	0	0	0
票据种类	支票			转讫 收款人开户行盖章										
票据号码														
复核　　记账														

图 7 - 51　银行进账单

验资报告

B 公司：

　　我们接受委托，审验了贵公司截至 2019 年 10 月 18 日新增注册资本及实收资本情况。按照法律法规及协议章程的要求出资，提供真实、合法、完整的验资资料，保护资产的安全、完整是全体股东及贵公司的责任。我们的责任是对贵公司新增注册资本及实收资本情况发表审验意见。我们的审验是依据《中国注册会计师审计准则第 1602 号——验资》进行的。在审验过程中，我们结合贵公司的实际情况，实施了检查等审验程序。

　　贵公司原注册资本为人民币捌佰万元整，实收资本为人民币捌佰万元整。根据贵公司 2019 年 10 月 18 日股东会决议和修改后的章程规定，贵公司申请增加注册资本人民币贰拾伍万元整，由 D 公司（以下简称甲方）于 2019 年 10 月 20 日之前一次交足，变更后的注册资本为人民币捌佰贰拾伍万元整，经我们审验，截至 2019 年 10 月 18 日，贵公司已经收到甲方交纳的新增注册资本（实收资本）合计人民币（大写）贰拾伍万元整。

　　同时我们注意到，贵公司本次增资前的注册资本人民币捌佰万元整，实收资本人民币捌佰万元整，已经南宁公信会计师事务所进行审验，并于 2016 年 3 月 15 日出具验资报告。截至 2019 年 10 月 18 日，变更后累计注册资本为人民币捌佰贰拾伍万元整，实收资本为人民币（大写）捌佰贰拾伍万元整。

　　本验资报告供贵公司申请办理注册资本及实收资本变更登记及据以向全体股东签发出资证明时使用，不应被视为对贵公司验资报告日后资本保全、偿债能力和持续经营能力等的保证。因使用不当造成的后果，与执行本验资业务的注册会计师及本会计师事务所无关。

　　附件：1. 新增注册资本实收情况明细表
　　　　　2. 注册资本及实收资本变更前后对照表
　　　　　3. 验资事项说明

祥浩会计师事务所　　　　　　　　　　　　　　　　　中国注册会计师：张三　　李四

图 7 - 52　验资报告

表7-9 收款凭证

借方科目：　　　　　　　　　　　　　　　　年　月　日　　　　　　　　　　　　　凭证编号：

摘要	贷方科目		金额										记账符号
	总账科目	明细科目	千	百	十	万	千	百	十	元	角	分	
附件：　张	合计												

会计主管：　　　　记账：　　　　复核：　　　　出纳：　　　　制单：

10. 销售材料

2019年11月22日，D公司出售一批原材料。请根据原始凭证编制收款凭证（见表7-10）。增值税专用发票、银行进账单、销售单如图7-53~图7-55所示。

450062315　　　　　　广西增值税专用发票　　　　No 02496723

开票日期：2019年11月22日

购货单位	名　　　称：C公司 纳税人识别号：×××××××××××× 地址、电话：××市××区××路×号×××××××××× 开户行及账号：中国工商银行南宁友爱支行××××××××××××××				密码区		略	
货物或应税劳务名称 水泥	规格型号	单位 吨	数量 50	单价 600.00	金额 30 000.00	税率 13%	税额 3 900.00	
合　　计					30 000.00		3 900.00	
价税合计（大写）	叁万叁仟玖佰元整				（小写）¥33 900.00			
销货单位	名　　　称：D公司 纳税人识别号：×××××××××××× 地址、电话：××市××区××路×号×××××××××× 开户行及账号：中国工商银行南宁分行××××××××××××××				备注			

收款人：　　　　复核：　　　　开票人：黄毅　　　　销货单位（章）：

图7-53 增值税专用发票

中国工商银行进账单（收账通知）

2019 年 11 月 22 日

出票人	全称	C 公司		收款人	全称	D 公司									
	账号	××××××××××××××			账号	××××××××××××××									
	开户行	中国工商银行南宁友爱支行			开户行	中国工商银行南宁分行									

人民币（大写）	叁万叁仟玖佰元整	千	百	十	万	千	百	十	元	角	分
				¥	3	3	9	0	0	0	0

票据种类	支票		转讫
票据号码			收款人开户行盖章
复核　　记账			

图 7 - 54　银行进账单

销　售　单

购货单位：C 公司　　　　　　　　　　地址、电话：××市××区××路×号×××××××××××

单据编号：S02131678　　　　　　　　制单日期：2019 年 11 月 22 日

纳税人识别号：××××××××××××　　开户行及账号：中国工商银行南宁友爱支行××××××××××××

编码	产品名称	规格	单位	单价	数量	金额	备注
02	水泥		吨	600.00	50	30 000.00	不含税价
合计	人民币（大写）：叁万元整					¥30 000.00	

总经理：蒋婷婷　　　　销售经理：段毅　　　　经手人：赵淼　　　　会计：李玉明　　　　签收人：

图 7 - 55　销售单

表 7 - 10　收款凭证

借方科目：　　　　　　　　　　年　月　日　　　　　　　　　　　凭证编号：

摘要	贷方科目		金额										记账符号
	总账科目	明细科目	千	百	十	万	千	百	十	元	角	分	
附件：　　张	合计												

会计主管：　　　　　记账：　　　　　复核：　　　　　出纳：　　　　　制单：

11. 收押金

2019 年 6 月 5 日，C 公司销售一批货物，收取包装物押金 7 000 元，请根据原始凭证编制收款凭证（见表 7 – 11）。收款收据如图 7 – 56 所示。

收款收据　　　　　　　　　　　　　NO：51426973

2019 年 06 月 05 日

今收到　C 公司	
交来：包装物押金	
金额（大写）　零 拾 零 万 柒 仟 零 佰 零 拾 零 元 零 角 零 分	
￥ 7 000.00　□现金　□支票　□信用卡　□其他　　收款单位（签章）	

核准：　　　　会计：　　　　记账：　　　　出纳：　　　　经手人：

图 7 – 56　收款收据

表 7 – 11　收款凭证

借方科目：　　　　　　　　年　月　日　　　　　　凭证编号：

摘要	贷方科目		金额										记账符号
	总账科目	明细科目	千	百	十	万	千	百	十	元	角	分	
附件：　张	合计												

会计主管：　　　　记账：　　　　复核：　　　　出纳：　　　　制单：

（二）填制付款凭证

1. 支付购货款

2019 年 7 月 1 日，A 公司偿还之前欠 E 公司的材料款，请根据原始凭证编制付款凭证（见表 7 – 12）。转账支票存根、银行进账单如图 7 – 57、图 7 – 58 所示。

中国工商银行
转账支票存根
No 45001131
1294127

附加信息　＿＿＿＿＿＿＿＿＿

出票日期 2019 年 07 月 01 日
收款人：E 公司

金额：￥ 360 000.00
用途：偿还所欠货款
单位主管　　　会计

图 7 – 57　转账支票存根

中国工商银行进账单（回单）

2019 年 07 月 01 日

出票人	全称	A 公司		收款人	全称	E 公司									
	账号	×××××××××××××××			账号	×××××××××××××××									
	开户行	中国工商银行南宁江南支行			开户行	中国工商银行柳州分行									
金额	人民币（大写）	叁拾陆万元整				千	百	十	万	千	百	十	元	角	分
						¥	3	6	0	0	0	0	0	0	0
票据种类	转账支票	票据张数	1												
票据号码		1294127													
	复核	记账				开户银行签章									

图 7-58　银行进账单

表 7-12　付款凭证

贷方科目：　　　　　　　　　　　　　年　　月　　日　　　　　　　　　　　凭证编号：

摘要	借方科目		金额										记账符号
	总账科目	明细科目	千	百	十	万	千	百	十	元	角	分	
附件：　　张		合计											

会计主管：　　　　记账：　　　　复核：　　　　出纳：　　　　制单：

2. 购买办公用品

2019 年 7 月 5 日，A 公司管理部门以现金购买办公用品（小件物品，未通过入库，直接领用）。请根据原始凭证编制付款凭证（见表 7-13）。报销单、增值税普通发票如图 7-59、图 7-60 所示。

报销单

填报日期 2019 年 07 月 05 日　　　　　　　　　　　　单据及附件共 1 张

姓名	李玉东	所属部门	行政部	报销形式	现金
				支票号码	
报销项目		摘要		金额	
复印纸				2 260.00	备注
合计			¥2 260.00		
金额大写：贰仟贰佰陆拾元整				原借款：　　元	应退（补）款：¥2 260.00

总经理：王斌　　财务经理：林英　　部门经理：魏群　　会计：韦祎　　出纳：程丽　　报销人：李玉东

图 7-59　报销单

450021376　　　　**广西增值税普通发票**　　　No 04151452

开票日期：2019 年 07月 05 日

购货单位	名　称：A公司 纳税人识别号：×××××××××××××× 地址、电话：××市 ××区 ××路 ×号 ××××××××××× 开户行及账号：中国工商银行南宁江南支行××××××××××××××××	密码区	略

货物或应税劳务名称	规格型号	单位	数量	单价	金额	税率	税额
打印纸	A4	包	40	50.00	2 000.00	13%	260.00
合　计					2 000.00		260.00

价税合计（大写）	贰仟贰佰陆拾元整	（小写）¥2 260.00

销货单位	名　称：D公司 纳税人识别号：×××××××××××× 地址、电话：××市 ××区 ××路 ×号 ××××××××××× 开户行及账号：中国工商银行南宁分行 ××××××××××××××××	备注

收款人：　　　　复核：　　　　　　开票人：赵六　　　　　销货单位（章）：

图 7 – 60　增值税普通发票

表 7 – 13　付款凭证

贷方科目：　　　　　　　　年　月　日　　　　　　　　凭证编号：

摘要	借方科目		金额										记账符号
	总账科目	明细科目	千	百	十	万	千	百	十	元	角	分	
附件：　张	合计												

会计主管：　　　　记账：　　　　复核：　　　　出纳：　　　　制单：

3. 提取现金

2019 年 10 月 15 日，B 公司从银行提取现金用于发放工资，请根据原始凭证编制付款凭证（见表 7 –14）。现金支票存根如图 7 –61 所示。

中国工商银行
现金支票存根
No 4501122
36718927

附加信息 _____

出票日期 2019 年 10 月 15 日
收款人：B 公司

金额：￥234 680. 00
用途：发放工资
单位主管　　　　　　会计

图 7 - 61　现金支票存根

表 7 - 14　付款凭证

贷方科目：　　　　　　　　　　　年　月　日　　　　　　　　　　凭证编号：

摘要	借方科目		金额										记账符号
	总账科目	明细科目	千	百	十	万	千	百	十	元	角	分	
附件：　　张	合计												

会计主管：　　　　记账：　　　　复核：　　　　出纳：　　　　制单：

4. 发放工资

2019 年 12 月 8 日，B 公司以现金发放上月职工工资。请根据原始凭证工资表编制付款凭证（见表 7 - 15）。工资表如图 7 - 62 所示。

工资表
单位：元

序号	姓名	基本工资	浮动工资	应发工资	社保险（个人）	公积金（个人）	个人所得税	实发工资	签名
01	刘明	4 200. 00	1 000. 00	5 200. 00	410. 00	312. 00	0. 00	4 478. 00	刘明
02	李东	3 800. 00	1 000. 00	4 800. 00	380. 00	288. 00	0. 00	4 132. 00	李东
03	赵云	5 100. 00	1 000. 00	6 100. 00	510. 00	366. 00	0. 00	5 224. 00	赵云
:	:	:	:	:	:	:	:	:	:
合计		240 000. 00	40 000. 00	280 000. 00	28 000. 00	16 800. 00	520. 00	234 680. 00	

图 7 - 62　工资表

表 7 – 15 付款凭证

贷方科目：　　　　　　　　　　　年　　月　　日　　　　　　　　　凭证编号：

摘要	借方科目		金额										记账符号
	总账科目	明细科目	千	百	十	万	千	百	十	元	角	分	
附件：　　张	合计												

会计主管：　　　　　记账：　　　　　复核：　　　　　出纳：　　　　　制单：

5. 预借差旅费

2019 年 7 月 23 日，A 公司职工预借差旅费，以现金支付。请根据原始凭证编制付款凭证（见表 7 – 16）。借款单（个人）如图 7 – 63 所示。

借款单

2019 年 07 月 23 日　　　　　　　　　　　　　　　第　　号

借款部门	行政部门	姓名	王竹定	事由	出差	
借款金额（大写）	叁仟元整		¥3 000.00			
部门负责人签署	魏群	借款人签章	王竹定	注意事项	一、凡借用公款必须使用本单 二、出差返回后 3 天内结算	
单位领导批示	王斌	财务经理 审核意见		林英		

图 7 – 63 借款单

表 7 – 16 付款凭证

贷方科目：　　　　　　　　　　　年　　月　　日　　　　　　　　　凭证编号：

摘要	借方科目		金额										记账符号
	总账科目	明细科目	千	百	十	万	千	百	十	元	角	分	
附件：　　张	合计												

会计主管：　　　　　记账：　　　　　复核：　　　　　出纳：　　　　　制单：

6. 现金存款

2019 年 7 月 26 日，A 公司将以现金方式收到的货款存入银行，请根据原始凭证编制付款凭证（见表 7 – 17）。现金解款单如图 7 – 64 所示。

中国工商银行现金解款单（回单）

2019 年 07 月 26 日

收款单位	全称	A 公司			款项来源			货款				
	账号	××××××××××××××××			解款部门			销售部门				
人民币（大写）陆仟伍佰元整					百	十	千	百	十	元	角	分
							¥ 6	5	0	0	0	0	0

券别	张数	金额	券别	张数	金额	
百元			二元			
五十元			一元			（收款银行盖章）
十元			角			
五元			分			
银行打印：						

图 7 - 64 现金解款单

表 7 - 17 付款凭证

贷方科目： 年 月 日 凭证编号：

摘要	借方科目		金额										记账符号
	总账科目	明细科目	千	百	十	万	千	百	十	元	角	分	
附件： 张	合计												

会计主管： 记账： 复核： 出纳： 制单：

7. 支付货款

2019 年 12 月 2 日，B 公司支付所欠南宁百货公司的购货款，请根据原始凭证编制付款凭证（见表 7 - 18）。银行进账单、转账支票存根如图 7 - 65、图 7 - 66 所示。

中国工商银行进账单（回单）

2019 年 12 月 2 日

出票人	全称	B 公司	收款人	全称	南宁百货公司								
	账号	××××××××××××××××		账号	4500182165782137596								
	开户行	中国工商银行南宁兴宁支行		开户行	中国工商银行朝阳支行								
金额	人民币（大写）	柒万捌仟元整		千	百	十	万	千	百	十	元	角	分
						¥ 7	8	0	0	0	0	0	0
票据种类	转账支票	票据张数	1										
票据号码		31726258											
复核 记账				开户银行签章									

图 7 - 65 银行进账单

```
          中国工商银行
          转账支票存根
          No 45001122
               31726258
   附加信息 _____
   _____
   出票日期 2019 年 12 月 02 日
   收款人：南宁百货公司

   金额： ￥ 78 000.00
   用途：偿还货款
   单位主管          会计
```

图 7 - 66   转账支票存根

表 7 - 18   付款凭证

贷方科目：   年   月   日   凭证编号：

摘要	借方科目		金额										记账符号
	总账科目	明细科目	千	百	十	万	千	百	十	元	角	分	
附件： 张	合计												

会计主管：   记账：   复核：   出纳：   制单：

8. 购买办公用品

2019 年 12 月 3 日，B 公司行政部门报销办公用品款，出纳以现金支付，请根据原始凭证编制付款凭证（见表 7 - 19）。入库单、报销单、增值税普通发票如图 7 - 67 ~ 图 7 - 69 所示。

入库单

2019 年 12 月 03 日   单号：00026827

交来单位及部门	行政部		发票号码或生产单号码	02147658	验收仓库	第二仓库	入库日期	2019. 12. 03
编号	名称及规格	单位	数量		实际价格		计划价格		价格差异
			交库	实收	单价	金额	数量	金额	
01	计算器	台	10	10	60.00	600.00			
02	笔记本	本	100	100	20.00	2 000.00			
	合计					2 600.00			

部门经理：   会计：   仓库：王世国   经办人：刘丽英

图 7 - 67   入库单

报销单

填报日期 2019 年 12 月 03 日   单据及附件共 2 张

姓名	刘丽英	所属部门	行政部	报销形式		现金
				支票号码		
报销项目		摘要		金额		
计算器				678.00		备注
笔记本				2 260.00		
		合计		￥2 938.00		
金额大写：贰仟玖佰叁拾捌元整			原借款： 元		应退（补）款：￥2 938.00	

总经理：马军   财务经理：李芸   部门经理：张赞   会计：魏巡   出纳：王柱   报销人：刘丽英

图 7－68　报销单

450031627　　　**广西增值税普通发票**　　　No 02147658

开票日期：2019 年 12 月 03 日

购货单位	名　　称：B公司 纳税人识别号：×××××××××××××× 地址、电话：××市××区××路×号××××××××× 开户行及账号：中国工商银行南宁兴宁支行×××××××××××					密码区		略	
货物或应税劳务名称	规格型号	单位	数量	单价	金额	税率	税额		
计算器		台	10	60.00	600.00	13%	78.00		
笔记本		本	100	20.00	2 000.00	13%	260.00		
合　　计					2 600.00		338.00		
价税合计（大写）	贰仟玖佰叁拾捌元整				（小写）￥2 938.00				
销货单位	名　　称：D公司 纳税人识别号：×××××××××××××× 地址、电话：××市××区××路×号××××××××× 开户行及账号：中国工商银行南宁分行×××××××××××					备注			

收款人：　　　　　复核：　　　　　开票人：赵六　　　　　销货单位（章）：

第二联：发票联　购买方记账凭证

图 7－69　增值税普通发票

表 7 - 19　付款凭证

贷方科目：　　　　　　　　　　　　　　　　年　　月　　日　　　　　　　　　　　　凭证编号：

摘要	借方科目		金额										记账符号
	总账科目	明细科目	千	百	十	万	千	百	十	元	角	分	
附件：　张		合计											

会计主管：　　　　　记账：　　　　　复核：　　　　　出纳：　　　　　制单：

9. 支付广告费

2019 年 10 月 8 日，B 公司（一般纳税人）以银行存款支付 E 公司广告费。请根据原始凭证编制付款凭证（见表 7 - 20）。银行进账单、转账支票存根、增值税普通发票如图 7 - 70 ~ 图 7 - 72所示。

中国工商银行进账单 （回单）
2019 年 10 月 08 日

出票人	全称	B 公司		收款人	全称	E 公司								
	账号	××××××××××××××××			账号	××××××××××××××××								
	开户行	中国工商银行南宁兴宁支行			开户行	中国工商银行柳州分行								
金额	人民币（大写）	陆万伍仟肆佰元整			千	百	十	万	千	百	十	元	角	分
							¥ 6	5	4	0	0	0	0
票据种类	转账支票	票据张数	1											
票据号码	36917063													
	复核　　　记账				开户银行签章									

图 7 - 70　银行进账单

中国工商银行
转账支票存根
No 45101122
　　　36917063

附加信息 _____

出票日期 2019 年 10 月 08 日
收款人：E 公司

金额：￥ 65 400.00
用途：支付广告费
单位主管　　　　　会计

图 7 - 71　转账支票存根

· 78 ·

450031411　　　　　　广西增值税普通发票　　　　　No 03124616

开票日期：2019 年 10 月 08 日

购货单位	名　　　称：B公司 纳税人识别号：××××××××××××××× 地址、电话：××市××区×× 街×号××××××××× 开户行及账号：中国工商银行南宁兴宁支行×××××××××××××××	密码区	略

货物或应税劳务名称	规格型号	单位	数量	单价	金额	税率	税额
广告费					60 000.00	9%	5 400.00
合　　计					60 000.00		5 400.00

价税合计（大写）	陆万伍仟肆佰元整	（小写）¥65 400.00

销货单位	名　　　称：E公司 纳税人识别号：××××××××××××××× 地址、电话：××市××区××路×号××××××××× 开户行及账号：中国工商银行柳州支行××××××××××××××	备注

收款人：　　　　　复核：　　　　　开票人：黄云丽　　　　　销货单位（章）：

第二联：发票联　购买方记账凭证

图 7 - 72　增值税普通发票

表 7 - 20　付款凭证

贷方科目：　　　　　　　　　年　　月　　日　　　　　　凭证编号：

摘要	借方科目		金额									记账符号
	总账科目	明细科目	千	百	十	万	千	百	十	元	角	分	
附件：　张	合计											

会计主管：　　　　记账：　　　　复核：　　　　出纳：　　　　制单：

10. 购入原料

2019 年 10 月 9 日，B 公司向 E 公司采购一批材料，请根据原始凭证编制付款凭证（见表 7 - 21）。入库单、增值税普通发票、银行进账单、转账支票存根如图 7 - 73 ~ 图 7 - 76 所示。

入库单

2019 年 10 月 09 日   单号：00028351

交来单位及部门		E公司	发票号码或生产单号码	03216318	验收仓库	第一仓库	入库日期	2019.10.09

编号	名称及规格	单位	数量		实际价格		计划价格		价格差异
			交库	实收	单价	金额	数量	金额	
01	钢材	吨	50	50	6 000.00	300 000.00			
合计						300 000.00			

部门经理：   会计：   仓库：张宁   经办人：刘跃伟

图 7 - 73   入库单

450031716   # 广西增值税普通发票   No 03216318

开票日期：2019 年 10 月 09 日

购货单位	名　　　称：B公司 纳税人识别号：××××××××××××× 地址、电话：××市 ××区 ××街 ×号 ×××××××××× 开户行及账号：中国工商银行南宁兴宁支行××××××××××××××	密码区	略

货物或应税劳务名称	规格型号	单位	数量	单价	金额	税率	税额
钢材		吨	50	6 000.00	300 000.00	13%	39 000.00
合　　计					300 000.00		39 000.00

价税合计（大写）	叁拾叁万玖仟元整	（小写）¥339 000.00

销货单位	名　　　称：E公司 纳税人识别号：××××××××××××× 地址、电话：××市 ××区 ××路 ×号 ×××××××××× 开户行及账号：中国工商银行柳林分行××××××××××××××	备注

收款人：   复核：   开票人：赵英娜   销货单位（章）：

第二联：发票联 购买方记账凭证

图 7 - 74   增值税普通发票

中国工商银行进账单（回单）

2019 年 10 月 09 日

<table>
<tr>
<td rowspan="3">出票人</td>
<td>全称</td>
<td>B 公司</td>
<td rowspan="3">收款人</td>
<td>全称</td>
<td colspan="9">E 公司</td>
</tr>
<tr>
<td>账号</td>
<td>×××××××××××××××××</td>
<td>账号</td>
<td colspan="9">×××××××××××××××××</td>
</tr>
<tr>
<td>开户行</td>
<td>中国工商银行南宁兴宁支行</td>
<td>开户行</td>
<td colspan="9">中国工商银行柳林分行</td>
</tr>
<tr>
<td rowspan="2">金额</td>
<td colspan="2" rowspan="2">人民币
（大写）　叁拾叁万玖仟元整</td>
<td rowspan="2"></td>
<td>千</td>
<td>百</td>
<td>十</td>
<td>万</td>
<td>千</td>
<td>百</td>
<td>十</td>
<td>元</td>
<td>角</td>
<td>分</td>
</tr>
<tr>
<td></td>
<td>¥</td>
<td>3</td>
<td>3</td>
<td>9</td>
<td>0</td>
<td>0</td>
<td>0</td>
<td>0</td>
<td>0</td>
</tr>
<tr>
<td colspan="2">票据种类</td>
<td>转账支票</td>
<td>票据张数</td>
<td colspan="10">1</td>
</tr>
<tr>
<td colspan="2">票据号码</td>
<td colspan="3">31645972</td>
<td colspan="10"></td>
</tr>
<tr>
<td colspan="5">复核　　　　记账</td>
<td colspan="10">开户银行签章</td>
</tr>
</table>

图 7－75　银行进账单

中国工商银行

转账支票存根

No 45101122

31645972

附加信息 ＿＿＿＿＿＿＿＿＿＿＿

＿＿＿＿＿＿＿＿＿＿＿＿＿＿＿

出票日期 2019 年 10 月 09 日

收款人：E 公司

金额：¥ 339 000.00

用途：支付货款

单位主管　　　　　会计

图 7－76　转账支票存根

表 7－21　付款凭证

贷方科目：　　　　　　　　　　　　　年　　月　　日　　　　　　　　凭证编号：

<table>
<tr>
<td rowspan="2">摘要</td>
<td colspan="2">借方科目</td>
<td colspan="10">金额</td>
<td rowspan="2">记账符号</td>
</tr>
<tr>
<td>总账科目</td>
<td>明细科目</td>
<td>千</td>
<td>百</td>
<td>十</td>
<td>万</td>
<td>千</td>
<td>百</td>
<td>十</td>
<td>元</td>
<td>角</td>
<td>分</td>
</tr>
<tr>
<td></td>
<td></td>
<td></td>
<td></td>
<td></td>
<td></td>
<td></td>
<td></td>
<td></td>
<td></td>
<td></td>
<td></td>
<td></td>
<td></td>
</tr>
<tr>
<td></td>
<td></td>
<td></td>
<td></td>
<td></td>
<td></td>
<td></td>
<td></td>
<td></td>
<td></td>
<td></td>
<td></td>
<td></td>
<td></td>
</tr>
<tr>
<td></td>
<td></td>
<td></td>
<td></td>
<td></td>
<td></td>
<td></td>
<td></td>
<td></td>
<td></td>
<td></td>
<td></td>
<td></td>
<td></td>
</tr>
<tr>
<td></td>
<td></td>
<td></td>
<td></td>
<td></td>
<td></td>
<td></td>
<td></td>
<td></td>
<td></td>
<td></td>
<td></td>
<td></td>
<td></td>
</tr>
<tr>
<td>附件：　　张</td>
<td colspan="2">合计</td>
<td></td>
<td></td>
<td></td>
<td></td>
<td></td>
<td></td>
<td></td>
<td></td>
<td></td>
<td></td>
<td></td>
</tr>
</table>

会计主管：　　　　记账：　　　　复核：　　　　出纳：　　　　制单：

11. 预付货款

2019 年 10 月 10 日，B 公司以银行存款预付 E 公司货款，请根据原始凭证编制付款凭证

（见表 7 –22）。银行进账单、转账支票存根如图 7 –77、图 7 –78 所示。

中国工商银行进账单（回单）

2019 年 10 月 10 日

出票人	全称	B 公司		收款人	全称	E 公司								
	账号	××××××××××××××××			账号	××××××××××××××××								
	开户行	中国工商银行南宁兴宁支行			开户行	中国工商银行柳州分行								
金额	人民币（大写）	叁万捌仟元整			千	百	十	万	千	百	十	元	角	分
							¥ 3	8	0	0	0	0	0	0
票据种类	转账支票	票据张数	1											
票据号码		14358725												
	复核 记账				开户银行签章									

图 7 –77　银行进账单

中国工商银行

转账支票存根

No 45101122

14358725

附加信息 ＿＿＿＿＿＿＿＿＿

＿＿＿＿＿＿＿＿＿

出票日期 2019 年 10 月 10 日

收款人：E 公司

金额：¥ 38 000.00

用途：预付货款

单位主管　　　　会计

图 7 –78　转账支票存根

表 7 –22　付款凭证

贷方科目：　　　　　　　　　　年　月　日　　　　　　　　　　　凭证编号：

摘要	借方科目		金额										记账符号
	总账科目	明细科目	千	百	十	万	千	百	十	元	角	分	
附件：　张		合计											

会计主管：　　　　记账：　　　　复核：　　　　出纳：　　　　制单：

12. 购入材料

2019 年 8 月 14 日，D 公司购入一批原材料。请根据原始凭证编制付款凭证（见表 7 - 23）。
转账支票存根、银行进账单、增值税普通发票、入库单如图 7 - 79 ～ 图 7 - 82 所示。

中国工商银行

转账支票存根

No 45101122

59531748

附加信息 _____

出票日期 2019 年 08 月 14 日

收款人：D 公司

金额：￥22 600.00

用途：购入材料

单位主管　　　　　会计

图 7 - 79　转账支票存根

中国工商银行进账单（回单）

2019 年 08 月 14 日

出票人	全称	C 公司		收款人	全称	D 公司								
	账号	××××××××××××××××			账号	××××××××××××××××								
	开户行	中国工商银行南宁友爱支行			开户行	中国工商银行南宁分行								
金额	人民币（大写）	贰万贰仟陆佰元整			千	百	十	万	千	百	十	元	角	分
								￥ 2	2	6	0	0	0	0
票据种类	转账支票	票据张数	1											
票据号码		59531748												
	复核　　　　记账				开户银行签章									

图 7 - 80　银行进账单

450031231　　　　　　**广西增值税普通发票**　　　　No 04161242

开票日期：2019 年 08 月 14 日

购货单位	名　　称：C公司 纳税人识别号：××××××××××××× 地址、电话：××市××区××路×号 ×××××××××× 开户行及账号：中国工商银行南宁友爱支行××××××××××××××××××	密码区	略

货物或应税劳务名称	规格型号	单位	数量	单价	金额	税率	税额
木桶		个	1 000	20.00	20 000.00	13%	2 600.00
合　计					20 000.00		2 600.00

价税合计（大写）	贰万贰仟陆佰元整	（小写）¥22 600.00

销货单位	名　　称：D公司 纳税人识别号：××××××××××××× 地址、电话：××市××区××路×号 ×××××××××× 开户行及账号：中国工商银行南宁分行××××××××××××××	备注	

收款人：　　　　　复核：　　　　　开票人：赵六　　　　　销货单位（章）：

图 7 - 81　增值税普通发票

入库单

2019 年 08 月 14 日　　　　　　　　　　　　　　　　单号：00035217

交来单位及部门	D 公司		发票号码或生产单号码	04161242	验收仓库	第二仓库	入库日期	2019.08.14

编号	名称及规格	单位	数量		实际价格		计划价格		价格差异
			交库	实收	单价	金额	数量	金额	
01	木桶	个	1 000	1 000	20.00	20 000.00			
合计						20 000.00			

部门经理：　　　　　会计：　　　　　仓库：赵明亮　　　　　经办人：李翊君

图 7 - 82　入库单

表 7-23　付款凭证

贷方科目：　　　　　　　　　　　　　　　年　　月　　日　　　　　　　　　　　　凭证编号：

摘要	借方科目		金额										记账符号
	总账科目	明细科目	千	百	十	万	千	百	十	元	角	分	
附件：　　张	合计												

会计主管：　　　　记账：　　　　复核：　　　　出纳：　　　　制单：

13. 购买发票

2019 年 9 月 20 日，A 公司购买增值税专用发票，银行代扣。请根据原始凭证编制付款凭证（见表 7-24）。国家税务局系统行政性收费专用收据如图 7-83 所示。

国家税务局系统行政性收费专用收据

国财 04517　　　　　　　　　　　　　　　　　　　　　　No：45125361241

填发日期：2019 年 09 月 20 日　　　　　征收机关：南宁市税务局江南分局

纳税人识别号	×××××××××××××××	交款单位（人）		A 公司
项目		单价	数量	金额
专用发票收费		0.5	100	￥50.00
金额合计（大写）伍拾元整				
税务机关 北京市海淀区国家税务局 （盖章）		填票人 王语嫣 （章）	备注 452130000000620716 专用发票销售工本费 45125361241	

图 7-83　国家税务局系统行政性收费专用收据

表 7-24　付款凭证

贷方科目：　　　　　　　　　　　　　　　年　　月　　日　　　　　　　　　　　　凭证编号：

摘要	借方科目		金额										记账符号
	总账科目	明细科目	千	百	十	万	千	百	十	元	角	分	
附件：　　张	合计												

会计主管：　　　　记账：　　　　复核：　　　　出纳：　　　　制单：

14. 缴纳社保费

2019 年 9 月 17 日，C 公司缴纳公司职工社保费。请根据原始凭证编制付款凭证（代扣个人社保计入其他应付款科目）（见表 7 – 25）。电子缴税回单如图 7 – 84 所示，8 月工资表如图 7 – 85 所示。

柳州市电子缴税回单

隶属关系——市属企业　　　　　　　　　　　　　　　　　　　　　　　　　　电子缴税号 W4512678

注册类型：其他有限责任公司　　　　　　填发日期：2019 年 9 月 17 日　　　　征收机关：南宁市税务局

<table>
<tr><td rowspan="4">缴税单位</td><td>代码</td><td>450100216847256926</td><td>收款国库</td><td>柳州市国库</td></tr>
<tr><td>全称</td><td>C 公司</td><td>国库账号</td><td>45100W4512678</td></tr>
<tr><td>账号</td><td>450204136785921384627</td><td>预算级次</td><td>市级</td></tr>
<tr><td>开户银行</td><td>中国工商银行南宁友爱支行</td><td>国库开户银行</td><td>南宁国库</td></tr>
<tr><td colspan="2">税款所属期</td><td colspan="2">2019 年 09 月 01 日至 2019 年 09 月 30 日</td><td>税款收缴日期</td><td>201909030</td></tr>
</table>

预算科目	税种税目	计税金额、销售收入或课税数量	税率或单位税额	已缴或扣除额	实缴税额
1020101	社保费——养老				4 984.00
1020201	社保费——失业				356.00
1020301	社保费——医疗				2 166.00
1020401	社保费——生育				142.40
1020501	社保费——工伤				178.00

<table>
<tr><td>金额合计</td><td colspan="4">人民币柒仟捌佰贰拾陆元肆角整</td><td>￥7 826.40</td></tr>
<tr><td>申报方式</td><td>征收方式</td><td>打印次数</td><td rowspan="2">上列款项已核计入收款单位账户。
扣款日期 2019 年 09 月 17 日
银行盖章</td><td rowspan="2">备注</td></tr>
<tr><td>网络申报</td><td>税务机关自征</td><td></td></tr>
</table>

图 7 – 84　电子缴税回单

8 月工资表

序号	姓名	应发工资	代扣款项				实发工资	公司承担					
			养老保险	医疗保险	失业保险	合计		养老保险	医疗保险	失业保险	工伤保险	生育保险	合计
1	李玉	3 200	256	70	16	342	2 858	640	320	48	32	25.6	1 065.6
2	张雯	3 800	304	82	19	405	3 395	760	380	57	38	30.4	1 265.4
3	王伟	3 700	296	80	18.5	394.5	3 305.5	740	370	55.5	37	29.6	1 232.1
4	廖萍	3 500	280	76	17.5	373.5	3 126.5	700	350	52.5	35	28	1 165.5
5	何军	3 600	288	78	18	384	3 216	720	360	54	36	28.8	1 198.8
合计		17 800	1 424	386	89	1 899	15 901	3 560	1 780	267	178	142.4	5 927.4

图 7 – 85　8 月工资表

表 7 - 25　付款凭证

贷方科目：　　　　　　　　　　　　　年　　月　　日　　　　　　　　凭证编号：

摘要	借方科目		金额										记账符号
	总账科目	明细科目	千	百	十	万	千	百	十	元	角	分	
附件：　　张	合　计												

会计主管：　　　　　记账：　　　　　复核：　　　　　出纳：　　　　　制单：

（三）填制转账凭证

1. 购进材料 1

2019 年 7 月 15 日，A 公司按实际成本计价法采购一批材料，已入库，款项尚未支付，请根据原始凭证编制凭证（见表 7 - 26）。增值税专用发票、入库单如图 7 - 86、图 7 - 87 所示。

2. 购进材料 2

2019 年 10 月 20 日，B 公司向 E 公司购进一批材料，材料尚未收到，货款未支付，该公司采用实际成本法核算，请根据原始凭证编制凭证（见表 7 - 27）。增值税专用发票如图 7 - 88 所示。

020162450　　　　　　**广西增值税专用发票**　　　　　No 017241672

开票日期：2019 年 07 月 15 日

购货单位	名　　称：A公司 纳税人识别号：×××××××××××× 地址、电话：××市××区××路×号××××××××× 开户行及账号：中国工商银行南宁江南支行×××××××××××				密码区		略		第一联：记账联　销货方记账凭证
货物或应税劳务名称 丙酮	规格型号 SW-10	单位 千克	数量 2 000.00	单价 100.00	金额 200 000.00	税率 13%	税额 26 000.00		
合　　计					200 000.00		26 000.00		
价税合计（大写）	人民币贰拾贰万陆仟元整					（小写）¥226 000.00			
销货单位	名　　称：B公司 纳税人识别号：××××××××××× 地址、电话：××市××区××路×号×××××××××× 开户行及账号：中国工商银行南宁兴宁××××××××××××				备注				

收款人：　　　　　复核：　　　　　开票人：毛小军　　　　　销货单位（章）：

图 7 - 86　增值税专用发票

入库单

2019 年 07 月 15 日　　　　　　　　　　　　　　　　　　单号：00034172

交来单位及部门	A 公司	发票号码或生产单号码	017241672	验收仓库	二仓库	入库日期	2019.07.15

编号	名称及规格	单位	数量		实际价格		计划价格		价格差异
			交库	实收	单价	金额	数量	金额	
01	丙酮	千克	2 000	2 000	100.00	200 000.00			
	合计					200 000.00			

部门经理：　　　　　　会计：　　　　　　　　仓库：王云义　　　　　经办人：黄明群

图 7 – 87　入库单

表 7 – 26　转账凭证

年　　月　　日　　　　　　　　　　　　　　　　　　　凭证编号：

摘要	总账科目	明细科目	借方金额										贷方金额										记账符号
			千	百	十	万	千	百	十	元	角	分	千	百	十	万	千	百	十	元	角	分	
附件：　　张		合计																						

会计主管：　　　　记账：　　　　　复核：　　　　出纳：　　　　制单：

450036971　　　　　**广西增值税普通发票**　　　No 03624162

开票日期：2019 年 10 月 20 日

购货单位	名　　称：B 公司 纳税人识别号：×××××××××××× 地址、电话：××市 ××区 ××街 ×号 ××××××××× 开户行及账号：中国工商银行南宁兴宁支行××××××××××××	密码区	略

货物或应税劳务名称	规格型号	单位	数量	单价	金额	税率	税额
多路阀		台	50	2 000.00	100 000.00	13%	13 000.00
合　计					100 000.00		13 000.00

价税合计（大写）	壹拾壹万叁仟元整	（小写）￥113 000.00

销货单位	名　　称：E 公司 纳税人识别号：××××××××××××× 地址、电话：××市 ××区 ××路 ×号 ×××××××××× 开户行及账号：中国工商银行柳州分行××××××××××××	备注

收款人：　　　　　　复核：　　　　　　开票人：黄冰　　　　　销货单位（章）：

第二联：发票联　购买方记账凭证

图 7 – 88　增值税普通发票

表 7 - 27　转账凭证

年　　月　　日　　　　　　　　　　　　　　　　　　　凭证编号：

摘要	总账科目	明细科目	借方金额										贷方金额										记账符号
			千	百	十	万	千	百	十	元	角	分	千	百	十	万	千	百	十	元	角	分	
附件：　　张	合计																						

会计主管：　　　　　记账：　　　　　复核：　　　　　出纳：　　　　　制单：

3. 购进材料 3

2019 年 10 月 5 日，B 公司购进一批材料，货款尚未支付，请根据原始凭证编制凭证（见表 7 - 28）。入库单、增值税普通发票如图 7 - 89、图 7 - 90 所示。

入库单

2019 年 10 月 05 日　　　　　　　　　　　　　　单号：00035217

交来单位及部门	D 公司		发票号码或生产单号码	04151573	验收仓库	第二仓库	入库日期	2019.10.05
编号	名称及规格	单位	数量		实际价格		计划价格		价格差异
			交库	实收	单价	金额	数量	金额	
01	钢材	吨	10	10	2 000.00	20 000.00			
合计						20 000.00			

部门经理：　　　　　会计：　　　　　仓库：赵明武　　　　　经办人：张玲

图 7 - 89　入库单

450031624　　　**广西增值税普通发票**　　　No 04151573

开票日期：2019 年 10 月 05 日

购货单位	名　　　称：B 公司 纳税人识别号：××××××××××××× 地址、电话：××市××区××街×号××××××××××× 开户行及账号：中国工商银行南宁兴宁支行×××××××××××××	密码区	略
货物或应税劳务名称	规格型号	单位	数量	单价	金额	税率	税额
钢材		吨	10	2 000.00	20 000.00	13%	2 600.00
合　计					20 000.00		2 600.00
价税合计（大写）	贰万贰仟陆佰元整		（小写）¥22 600.00
销货单位	名　　　称：D 公司 纳税人识别号：××××××××××× 地址、电话：××市××区××路×号××××××××××× 开户行及账号：中国工商银行南宁分行×××××××××××	备注	

第二联：发票联　购买方记账凭证

收款人：　　　　　复核：　　　　　开票人：林丽　　　　　销货单位（章）：

图 7 - 90　增值税普通发票

表 7 - 28 转账凭证

年   月   日   凭证编号：

摘要	总账科目	明细科目	借方金额										贷方金额										记账符号
			千	百	十	万	千	百	十	元	角	分	千	百	十	万	千	百	十	元	角	分	
附件： 张		合计																					

会计主管：   记账：   复核：   出纳：   制单：

4. 领用材料 1

2019 年 10 月 15 日，B 公司生产部门领用材料，请根据原始凭证编制转账凭证（见表 7 - 29）。领料单、发出材料计算表如图 7 - 91 ~ 图 7 - 94 所示。

领料单

领料单位：第二车间   编号：04

用途：生产螺帽   2019 年 10 月 15 日   发料仓库：二仓库

材料编号	材料类别	名称	规格	计量单位	数量		金额	
					请领	实发	单价	金额
01		钢材		吨	40	40		
备注：			合计		40	40		
主管：魏海	记账：王涛	领料单位负责人：李四			领料人：李天颖		发料人：吴峰	

图 7 - 91 领料单

领料单

领料单位：第二车间   编号：05

用途：生产金属陶瓷片   2019 年 10 月 15 日   发料仓库：一仓库

材料编号	材料类别	名称	规格	计量单位	数量		金额	
					请领	实发	单价	金额
02		铝箔		千克	800	800		
备注：			合计		800	800		
主管：魏海	记账：王涛	领料单位负责人：李四			领料人：李天颖		发料人：吴峰	

图 7 - 92 领料单

领料单

领料单位：第二车间　　　　　　　　　　　　　　　　　　　　　　编号：06

用途：生产金属陶瓷片　　　　　　　2019 年 10 月 15 日　　　　　发料仓库：一仓库

材料编号	材料类别	名称	规格	计量单位	数量		金额	
					请领	实发	单价	金额
03		铅管		千克	300	300		
备注：			合计		300	300		
主管：魏海	记账：王涛		领料单位负责人：李四			领料人：李天颖	发料人：吴峰	

图 7 - 93　领料单

发出材料计算表

材料品名	计量单位	期初结存数量	本期购入数量	期初结存金额	本期购入金额	单位成本	生产耗用			
							螺帽		金属陶瓷片	
							数量	金额	数量	金额
钢材	吨	20	80	40 000.00	160 000.00	2 000.00	40	80 000.00		
铝箔	千克	200	700	1 200.00	4 200.00	6.00			800	48 000.00
铅管	千克	150	250	1 500.00	2 500.00	10.00			300	3 000.00
合计								80 000.00		51 000.00

审核：　　　　　　　　　　　　　　　　　　　　　　　　　　　　制表：

图 7 - 94　发出材料计算表

表 7 - 29　转账凭证

　　　年　　月　　日　　　　　　　　　　　　　　　　凭证编号：

摘要	总账科目	明细科目	借方金额										贷方金额										记账符号
			千	百	十	万	千	百	十	元	角	分	千	百	十	万	千	百	十	元	角	分	
附件：　张		合计																					

会计主管：　　　　　记账：　　　　　复核：　　　　　出纳：　　　　　制单：

5. 领用材料 2

2019 年 7 月 9 日，A 公司生产车间领用材料清洗设备，请根据原始凭证编制转账凭证（见表 7 - 30）。领料单、发出材料计算表如图 7 - 95、图 7 - 96 所示。

领料单

领料单位：生产部门
编号：01

用途：清洗设备
2019 年 07 月 09 日
发料仓库：二仓库

材料编号	材料类别	名称	规格	计量单位	数量		金额	
					请领	实发	单价	金额
007		汽油		升	50	50		
备注：			合计		50	50		
主管：卢冰	记账：刘艺		领料单位负责人：郝勋			领料人：温华		发料人：廖燕

图 7 – 95 领料单

发出材料计算表

材料品名	计量单位	期初结存数量	本期购入数量	期初结存金额	本期购入金额	单位成本	生产耗用	
							数量	金额
汽油	升	20	80	150.00	680.00	8.30	50	415.00

审核：张三 　　　　　　　　　　　　　　　　　　　　　制表：戴军

图 7 – 96 发出材料计算表

表 7 – 30 转账凭证

年　　月　　日　　　　　　　　　　　　　　凭证编号：

摘要	总账科目	明细科目	借方金额										贷方金额										记账符号
			千	百	十	万	千	百	十	元	角	分	千	百	十	万	千	百	十	元	角	分	
附件：　张	合计																						

会计主管：　　　　　记账：　　　　　复核：　　　　　出纳：　　　　　制单：

6. 计提消费税

2019 年 9 月 30 日，C 公司生产销售一批高档化妆品，请根据原始凭证编制转账凭证（见表 7 –31）。消费税计算表、增值税普通发票（复印件）如图 7 –97、图 7 –98 所示。

高档化妆品消费税计算表

2019 年 09 月 30 日

应税高档化妆品单价	300.00
数量	2 000
消费税税率	30%
应交消费税	180 000.00

审核：梁冰　　　　　　　　　　　　　　　　　　　　制单：张俊明

图 7－97　消费税计算表

450026175　　　**广西增值税普通发票**　　　No 02196724

开票日期：2019 年 09 月 30 日

购货单位	名　称：D公司 纳税人识别号：××××××××××× 地址、电话：××市××区××路×号××××××××× 开户行及账号：中国工商银行南宁分行×××××××××××××××××	密码区	略

货物或应税劳务名称	规格型号	单位	数量	单价	金额	税率	税额
丽人化妆品		盒	2 000	300.00	600 000.00	13%	78 000.00
合　计					600 000.00		78 000.00

价税合计（大写）　陆拾柒万捌仟元整　　　（小写）¥678 000.00

销货单位	名　称：C公司 纳税人识别号：××××××××××× 地址、电话：××市××区××路×号××××××××× 开户行及账号：中国工商银行南宁友爱支行×××××××××××××××××	备注	

收款人：　　　复核：　　　开票人：吴明山　　　销货单位（章）：

第一联：记账联　销货方记账凭证

图 7－98　增值税普通发票

表 7－31　转账凭证

年　　月　　日　　　　　　　　凭证编号：

摘要	总账科目	明细科目	借方金额										贷方金额										记账符号
			千	百	十	万	千	百	十	元	角	分	千	百	十	万	千	百	十	元	角	分	

附件：　　张　　合计

会计主管：　　记账：　　复核：　　出纳：　　制单：

7. 销售软件

2019 年 12 月 6 日，B 公司销售一套财会软件，款项未收，请根据原始凭证编制转账凭证（见表 7 - 32）。增值税普通发票如图 7 - 99 所示。

<table>
<tr><td>450024571</td><td colspan="2" align="center">**广西增值税普通发票**</td><td>No 02361279</td></tr>
</table>

开票日期：2019 年 12 月 06 日

购货单位	名　　　称：C公司 纳税人识别号：××××××××××××××× 地址、电话：××市××区××路×号×××××××××× 开户行及账号：中国工商银行南宁友爱支行×××××××××××××××	密码区	略

货物或应税劳务名称	规格型号	单位	数量	单价	金额	税率	税额
财会软件		套	1	50 000.00	50 000.00	13%	6 500.00
合　计					50 000.00		6 500.00

价税合计（大写）	伍万陆仟伍佰元整	（小写）¥56 500.00

销货单位	名　　　称：B公司 纳税人识别号：××××××××××××××× 地址、电话：××市××区××路×号×××××××××× 开户行及账号：中国工商银行南宁兴宁支行×××××××××××××××	备注

收款人：　　　　复核：　　　　开票人：杨宇东　　　　销货单位（章）：

第一联：记账联　销货方记账凭证

图 7 - 99　增值税普通发票

表 7 - 32　转账凭证

年　　月　　日　　　　　　　凭证编号：

摘要	总账科目	明细科目	借方金额										贷方金额										记账符号
			千	百	十	万	千	百	十	元	角	分	千	百	十	万	千	百	十	元	角	分	
附件：　张		合计																					

会计主管：　　　　记账：　　　　复核：　　　　出纳：　　　　制单：

8. 支付差旅费

2019 年 12 月 20 日，B 公司办理差旅费报销，请根据原始凭证编制转账凭证（见表 7 - 33）。差旅费报销单、增值税普通发票如图 7 - 100、图 7 - 101 所示。

差旅费报销单

2019 年 12 月 20 日

所属部门	行政部		姓名	黄竹文	出差天数	共 3 天		
出差事由	开会		借支费用		日期	2019 年 12 月 14 日	金额 ¥1 272.00	
						结算金额：¥1 272.00		
出发		到达		起止地点	交通费	住宿费	伙食费	其他
月	日	月	日					
	合　计							

总经理：燕群　财务经理：王柳　部门经理：杨艺　会计：刘忻　出纳：戴珣　报销人：黄竹文

图 7 - 100　差旅费报销单

450036178　　**广西增值税普通发票**　　No 04152173

开票日期：2019 年 12 月 20 日

购货单位	名　称：B公司 纳税人识别号：××××××××××××× 地址、电话：××市 ××区 ××路 ×号 ×××××××××× 开户行及账号：中国工商银行南宁兴宁支行××××××××××××					密码区	略	
货物或应税劳务名称	规格型号	单位	数量	单价	金额	税率	税额	
会务费		天	3	400.00	1 200.00	6%	72.00	
合　计					1 200.00		72.00	
价税合计（大写）	壹仟贰佰柒拾贰元整				（小写）¥1 272.00			
销货单位	名　称：E公司 纳税人识别号：××××××××××××× 地址、电话：××市 ××区 ××路 ×号 ×××××××××× 开户行及账号：中国工商银行柳州分行××××××××××××					备注		

收款人：　　　复核：　　　开票人：林丽　　　销货单位（章）：

第二联：发票联　购买方记账凭证

图 7 - 101　增值税普通发票

表 7 - 33　转账凭证

年　　月　　日　　　　　　　　　　　　　凭证编号：

摘要	总账科目	明细科目	借方金额										贷方金额										记账符号
			千	百	十	万	千	百	十	元	角	分	千	百	十	万	千	百	十	元	角	分	
附件：　　张		合计																					

会计主管：　　　　　记账：　　　　　复核：　　　　　出纳：　　　　　制单：

9. 计提折旧

2019 年 10 月 31 日，A 公司编制当月折旧汇总表，请根据原始凭证编制折旧计提的转账凭证（提示：该公司折旧计提方法采用直线法，累计折旧科目不分明细）（见表 7 - 34）。折旧费计提表如图 7 - 102 所示。参考资料：固定资产卡片 1、固定资产卡片 2 如图 7 - 103、图 7 - 104 所示。

固定资产折旧费计提表

单位：元

使用部门	固定资产类别					金额
	建筑物	办公设备	机器设备	其他设备	运输设备	
管理部门	5 000.00	1 000.00				6 000.00
合计	5 000.00	1 000.00				￥6 000.00

审核：　　　　　　　　　　　　　　　　　　　　　　　　　制单：

图 7 - 102　折旧费计提表

固定资产卡片 1

使用单位：　　　　　　　　　填表日期：2019 年 10 月 31 日　　　　　　　　单元：元

类别	机器设备	出厂或交接验收日期	2019 年 06 月 18 日	预计使用年限	20 年
编号	21653	购入或使用日期	2019 年 06 月 18 日	预计残值	50 000.00
名称	办公楼	放置或使用地址	管理部门	预计清理费用	
型号规格	120 平方米	负责人	林英喜	月折旧率	0.4%
建造单位		总造价	1 250 000.00	月大修理费用提存率	
设备主要技术参数或建筑物占地面积、建筑面积及结构		设备主要配件名称、数量或建筑物附设设备	大修理记录		固定资产改变记录
			时间	项目	

图 7 - 103　固定资产卡片 1

固定资产卡片 2

使用单位：　　　　　　　　　　　　填表日期：2019 年 10 月 31 日　　　　　　　　单位：元

类别	机器设备	出厂或交接验收日期	2019 年 03 月 21 日	预计使用年限	5 年
编号	10317	购入或使用日期	2019 年 03 月 21 日	预计残值	3 000.00
名称	排风机	放置或使用地址	生产车间	预计清理费用	
型号规格	FW216	负责人	王芳	月折旧率	1.587%
建造单位		总造价	63 000.00	月大修理费用提存率	

设备主要技术参数或建筑物占地面积、建筑面积及结构	设备主要配件名称、数量或建筑物附设设备	大修理记录		固定资产改变记录
		时间	项目	

图 7 - 104　固定资产卡片 2

表 7 - 34　转账凭证

　　　　年　　月　　日　　　　　　　　　　　　　　　凭证编号：

摘要	总账科目	明细科目	借方金额										贷方金额										记账符号
			千	百	十	万	千	百	十	元	角	分	千	百	十	万	千	百	十	元	角	分	
附件：　　张		合计																					

会计主管：　　　　　记账：　　　　　复核：　　　　　出纳：　　　　　制单：

10. 计提工资

2019 年 12 月 31 日，B 公司（适用企业会计准则）计提分配本月工资，请根据原始凭证编制转账凭证（应付职工薪酬下设短期薪酬、离职后福利、辞退福利、其他长期福利明细科目，三级明细科目可自行设置）（见表 7 - 35）。工资结算汇总表如图 7 - 105 所示。

工资结算汇总表

2019 年 12 月 31 日　　　　　　　　　　　　　　　　　　　　　　　　　　单位：元

车间、部门	标准工资	津贴	扣缺勤工资	应付工资
生产工人	420 000.00	28 000.00	600.00	447 400.00
车间管理人员	23 000.00	1 100.00	0.00	24 100.00
在建工程人员	50 000.00	2 600.00	100.00	52 500.00
公司管理人员	70 000.00	3 800.00	0.00	73 800.00
合计	563 000.00	35 500.00	700.00	597 800.00

图 7 - 105　工资结算汇总表

表 7 - 35　转账凭证

年　　月　　日　　　　　　　　　　　　　　凭证编号：

摘要	总账科目	明细科目	借方金额										贷方金额										记账符号
			千	百	十	万	千	百	十	元	角	分	千	百	十	万	千	百	十	元	角	分	
附件：　张		合计																					

会计主管：　　　　记账：　　　　复核：　　　　出纳：　　　　制单：

11. 计提企业负担的社保和住房公积金

2019 年 12 月 31 日，B 公司（适用企业会计准则）计提企业负担的社保和住房公积金，请根据原始凭证编制转账凭证（见表 7 - 36）。职工薪酬分配表如图 7 - 106 所示。

职工薪酬分配表

2019 年 12 月 31 日

科目	工资	社会保险				住房公积金	工会经费	教育经费	合计
		养老	医疗	失业	小计				
		17%	10%	1%		8%	2%	1.5%	工资
生产成本	447 400	76 058	44 740	4 474	125 272	35 792	8 948	6 711	176 723
制造费用	24 100	4 097	2 410	241	6 748	1 928	482	361.5	9 519.5
在建工程	52 500	8 925	5 250	525	14 700	4 200	1 050	787.5	20 737.5
管理费用	73 800	12 546	7 380	738	20 664	5 904	1 476	1 107	29 151
合计	597 800	101 626	59 780	5 978	167 384	47 824	11 956	8 967	236 131

图 7 - 106　职工薪酬分配表

表 7 - 36　转账凭证

年　　月　　日　　　　　　　　　　　　　　凭证编号：

摘要	总账科目	明细科目	借方金额										贷方金额										记账符号
			千	百	十	万	千	百	十	元	角	分	千	百	十	万	千	百	十	元	角	分	
附件：　张		合计																					

会计主管：　　　　记账：　　　　复核：　　　　出纳：　　　　制单：

（四）填制通用记账凭证

1. 借入借款

2019 年 5 月 1 日，C 公司（商品零售企业）向中国工商银行南宁友爱支行借入短期借款，请根据原始凭证编制通用记账凭证（见表 7 - 37）。借款借据、借款合同如图 7 - 107、图 7 - 108 所示。

借款借据（收账通知）

借款日期 2019 年 05 月 01 日　　　　　　　　　　　　　借据编号 316479

收款单位	全称	C 公司	付款单位	全称	中国工商银行南宁友爱支行
	账号	××××××××××××××××××		账号	4501003114782541697
	开户银行	中国工商银行南宁友爱支行		开户银行	中国工商银行南宁友爱支行

借款金额	人民币（大写）	柒拾万元整	亿	千	百	十	万	千	百	十	元	角	分
						¥	7	0	0	0	0	0	0	0

借款原因及用途	生产周转资金	借款期限	2019 年 05 月 01 日 2019 年 10 月 31 日

你单位上列借款，已转入你单位结算账户内。

此致

（银行盖章）

图 7 - 107　借款借据

借款合同

借款单位：（以下简称借款方）C 公司

贷款单位：（以下简称贷款方）中国工商银行南宁友爱支行

借款方为生产周转需要，特向贷款方申请借款，经贷款方审核同意发放，为明确双方责任，恪守信用，特签订本合同，共同遵守。

第一，借款方贷款方借款人民币（大写）柒拾万元整，期限六个月，从 2019 年 05 月 01 日至 2019 年 10 月 31 日，年利率为 6%，自支用贷款之日起，按月计算利息，按季结算，到期日归还本金。

第二，贷款方应如期向借款方发放贷款，否则，按违约数额和延期天数，付给借款方违约金，违约金数额的计算，与逾期贷款罚息相同，即为 1%。

第三，贷款利率为年利率 6%。

第四，借款方应按合同使用贷款，不得转移用途，否则，贷款方有权提前终止合同。

第五，借款方保证按借款合同所定期限归还贷款本息，如需延期，借款方应在贷款到期前三天，提出延期申请，经贷款方同意，办理延期手续，但延期最长不得超过原订合同期限的一半，贷款方未同意延期或未办理延期手续的逾期贷款，加收罚息。

第六，借款方以房产（价值 500 万元）作为借款抵押，房产证件由贷款方保管（或公证机关保管），公证费由借款方负担。

第七，贷款到期，借款方未归还贷款，又未办理延期手续，贷款方有权依照法律程序处理借款方作为贷款抵押的物资和财产，返还借款本息。

第八，本合同正本两份，借贷方各执一份。

第九，本合同自签订之日起生效，贷款本息全部结清后失效。

借款单位：C 公司（签章）　　　　　　　贷款单位：中国工商银行南宁友爱支行（签章）

签约日期：2019 年 05 月 01 日　　　　　　　签约日期：2019 年 05 月 01 日

图 7 - 108　借款合同

表 7 – 37　通用记账凭证

年　　月　　日　　　　　　　　　　　　　　　　凭证编号：

摘要	总账科目	明细科目	借方金额										贷方金额										记账符号
			千	百	十	万	千	百	十	元	角	分	千	百	十	万	千	百	十	元	角	分	
附件：　张		合计																					

会计主管：　　　　记账：　　　　复核：　　　　出纳：　　　　制单：

2. 支付广告费

2019 年 5 月 2 日，C 公司用银行存款支付广告费。请根据原始凭证编制通用记账凭证（见表 7 – 38）。银行进账单、转账支票存根、增值税普通发票如图 7 – 109、图 7 – 110、图 7 – 111 所示。

银行进账单（回单）

2019 年 05 月 02 日

出票人	全称	C 公司		收款人	全称	漓江广告公司								
	账号	××××××××××××××××××			账号	4501003645178329154								
	开户行	中国工商银行南宁友爱支行			开户行	中国工商银行南宁友爱支行								
金额	人民币（大写）	肆万贰仟肆佰元整			千	百	十	万	千	百	十	元	角	分
							¥	4	2	4	0	0	0	0
票据种类	转账支票	票据张数	1											
票据号码		61345723												
	复核　　　　记账				开户银行签章									

图 7 – 109　银行进账单

中国工商银行
转账支票存根
No 45101122
61345723

附加信息 _____

出票日期 2019 年 05 月 02 日
收款人：漓江广告公司

金额：¥42 400.00
用途：支付广告费
单位主管　　　　会计

图 7 – 110　转账支票存根

450032695　　　　　　广西增值税普通发票　　　　No 04152271

开票日期：2019 年 05 月 02 日

购货单位	名　　　称：C 公司 纳税人识别号：××××××××××××× 地址、电话：××市××路××号 ×××××××××× 开户行及账号：中国工商银行南宁友爱支行××××××××××××××	密码区	略

货物或应税劳务名称	规格型号	单位	数量	单价	金额	税率	税额
广告费					40 000.00	6%	2 400.00
合　　计					40 000.00		2 400.00

价税合计（大写）	肆万贰仟肆佰元整	（小写）¥42 400.00

销货单位	名　　　称：漓江广告公司 纳税人识别号：450031724589241736 地址、电话：桂林市中山路 337 号 07733846282 开户行及账号：中国工商银行桂林分行 4501003645178329154	备注	

收款人：　　　　复核：　　　　开票人：魏东　　　　销货单位（章）：

第二联：发票联　购买方记账凭证

图 7-111　增值税普通发票

表 7-38　通用记账凭证

年　　月　　日　　　　　　　　　　　　凭证编号：

摘要	总账科目	明细科目	借方金额										贷方金额										记账符号
			千	百	十	万	千	百	十	元	角	分	千	百	十	万	千	百	十	元	角	分	
附件：　张		合计																						

会计主管：　　　　记账：　　　　复核：　　　　出纳：　　　　制单：

3. 购进商品

2019 年 5 月 4 日，C 公司从 E 公司购入商品（用于销售），支付部分款项，余款未付，请根据原始凭证编制通用记账凭证（见表 7-39）。转账支票存根、银行进账单、入库单、增值税普通发票如图 7-112～图 7-115 所示。

中国工商银行

转账支票存根

No 45101122

34162160

附加信息

出票日期 2019 年 05 月 04 日

收款人：E 公司

金额：¥1 356.00

用途：支付货款

单位主管　　　　　会计

图 7-112　转账支票存根

中国工商银行进账单（回单）

2019 年 05 月 04 日

出票人	全称	C 公司		收款人	全称	E 公司							
	账号	××××××××××××××××			账号	××××××××××××××××							
	开户行	中国工商银行南宁友爱支行			开户行	中国工商银行柳州分行							
金额	人民币（大写）	壹仟叁佰伍拾陆元整		千	百	十	万	千	百	十	元	角	分
							¥	1	3	5	6	0	0
票据种类	转账支票	票据张数	1										
票据号码		34162160											
	复核　　　　记账				开户银行签章								

图 7-113　银行进账单

入库单

2019 年 05 月 04 日　　　　　　　　　　　　　　　　单号：00042573

交来单位及部门	E 公司		发票号码或生产单号码	04153721	验收仓库	第一仓库	入库日期	2019.05.04	
编号	名称及规格	单位	数　量		实际价格		计划价格		价格差异
			交库	实收	单价	金额	数量	金额	
01	文件夹	个	20	20	10.00	200.00			
02	复印纸	包	50	50	20.00	1 000.00			
合计						1 200.00			

部门经理：　　　　　　　会计：　　　　　　　　仓库：廖训伟　　　　经办人：王茂展

图 7-114　入库单

450031729　　　　　　　广西增值税普通发票　　　　No 04153721

开票日期：2019 年 05 月 04 日

购货单位	名　　　　称：C公司 纳税人识别号：×××××××××××× 地址、电话：××市××路××号×××××××××× 开户行及账号：中国工商银行南宁友爱支行××××××××××××××				密码区		略	

货物或应税劳务名称	规格型号	单位	数量	单价	金额	税率	税额
文件夹		个	20	10.00	200.00	13%	26.00
复印纸		包	50	20.00	1 000.00	13%	130.00
合　计					1 200.00		156.00

价税合计（大写）	壹仟叁佰伍拾陆元整	（小写）¥1 356.00

销货单位	名　　　　称：E公司 纳税人识别号：×××××××××××× 地址、电话：××市××路××号×××××××××× 开户行及账号：中国工商银行柳州分行××××××××××××××	备注

收款人：　　　　复核：　　　　开票人：张三　　　　销货单位（章）：

第二联：发票联　购买方记账凭证

图 7 – 115　增值税普通发票

表 7 – 39　通用记账凭证

年　　月　　日　　　　　　　　　　　　　凭证编号：

摘要	总账科目	明细科目	借方金额										贷方金额										记账符号
			千	百	十	万	千	百	十	元	角	分	千	百	十	万	千	百	十	元	角	分	
附件：　　张	合　计																						

会计主管：　　　记账：　　　复核：　　　出纳：　　　制单：

4. 缴存现金

2019 年 5 月 6 日，C 公司将营业收入存入银行，请根据原始凭证编制通用记账凭证（见表 7 – 40）。现金存款单如图 7 – 116 所示。

5. 提取现金

2019 年 5 月 7 日，C 公司（商品零售企业）从银行存款账户提取现金，准备发放工资，请根据原始凭证编制通用记账凭证（见表 7 – 41）。现金支票存根如图 7 – 117 所示。

中国工商银行现金存款单（回单）

2019 年 05 月 06 日

收款单位	全称	C 公司					款项来源		货款		
	账号	××××××××××××××××					解款部门		销售部门		

人民币（大写）捌仟柒佰陆拾元整				百	十	千	百	十	元	角	分
					¥	8	7	6	0	0	0

券别	张数	金额	券别	张数	金额	
百元			二元			
五十元			一元			（收款银行盖章）
十元			角			
五元			分			
银行打印：						

图 7－116　现金存款单

表 7－40　通用记账凭证

年　　月　　日　　　　　　　　　　　　凭证编号：

摘要	总账科目	明细科目	借方金额										贷方金额										记账符号
			千	百	十	万	千	百	十	元	角	分	千	百	十	万	千	百	十	元	角	分	
附件：　张		合计																					

会计主管：　　　　　记账：　　　　　复核：　　　　　出纳：　　　　　制单：

中国工商银行

现金支票存根

No 45101122

34162873

附加信息＿＿＿＿＿＿＿＿＿＿＿

出票日期 2019 年 05 月 07 日

收款人：C 公司

金额：￥120 750.00

用途：发放工资

单位主管　　　　　会计

图 7－117　现金支票存根

表 7 - 41　通用记账凭证

年　　月　　日　　　　　　　　　　　　　　凭证编号：

摘要	总账科目	明细科目	借方金额										贷方金额										记账符号
			千	百	十	万	千	百	十	元	角	分	千	百	十	万	千	百	十	元	角	分	
附件：　　张		合计																					

会计主管：　　　　记账：　　　　　复核：　　　　　出纳：　　　　　制单：

6. 发放工资

2019 年 5 月 7 日，C 公司（商品零售企业）发放职工工资，请根据原始凭证编制通用记账凭证（见表 7 - 42）。工资表如图 7 - 118 所示。

工资表　　　　　　　　　　　　　　　　　　　　　单位：元

序号	姓名	基本工资	浮动工资	应发工资	社保险（个人）	公积金（个人）	个人所得税	实发工资	签名
01	廖燕	4 200.00	1 200.00	5 400.00	540.00	324.00	0.00	4 536.00	廖燕
02	张伟	3 800.00	1 200.00	5 000.00	500.00	300.00	0.00	4 200.00	张伟
03	刘韵	5 100.00	1 200.00	6 300.00	630.00	378.00	0.00	5 292.00	刘韵
04	卫东	3 600.00	1 200.00	4 800.00	480.00	288.00	0.00	4 032.00	卫东
05	王石	4 600.00	1 200.00	5 800.00	580.00	348.00	0.00	4 872.00	王石
⋮	⋮	⋮	⋮	⋮	⋮	⋮	⋮	⋮	⋮
合计		120 000.00	24 000.00	144 000.00	14 400.00	8 640.00	210.00	120 750.00	

图 7 - 118　工资表

表 7 - 42　通用记账凭证

年　　月　　日　　　　　　　　　　　　　　凭证编号：

摘要	总账科目	明细科目	借方金额										贷方金额										记账符号
			千	百	十	万	千	百	十	元	角	分	千	百	十	万	千	百	十	元	角	分	
附件：　　张		合计																					

会计主管：　　　　记账：　　　　　复核：　　　　　出纳：　　　　　制单：

7. 购买办公桌

2019 年 5 月 9 日，C 公司（商品零售企业）购买办公桌，用银行存款支付，请根据原始凭证编制通用记账凭证（达到固定资产确认的标准）（见表 7 - 43）。增值税普通发票、转账支票存根、银行进账单、固定资产验收单如图 7 - 119 ~ 图 7 - 122 所示。

450031425　　　　广西增值税普通发票　　　　No 04153158

开票日期：2019 年 05 月 09 日

购货单位	名　　　称：C公司 纳税人识别号：××××××××××××× 地址、电话：××市××路××号××××××××××× 开户行及账号：中国工商银行南宁友爱支行×××××××××××××××××					密码区		略		
货物或应税劳务名称	规格型号	单位	数量	单价	金额		税率	税额		
办公桌		台	5	2 000.00	10 000.00		13%	1 300.00		
合　　计					10 000.00			1 300.00		
价税合计（大写）　壹万壹仟叁佰元整						（小写）¥11 300.00				
销货单位	名　　　称：E公司 纳税人识别号：××××××××××××× 地址、电话：××市××路××号××××××××××× 开户行及账号：中国工商银行柳州分行×××××××××××××××××					备注				

收款人：　　　　复核：　　　　开票：张三　　　　销货单位（章）：

第二联：发票联　购买方记账凭证

图 7 - 119　增值税普通发票

```
            中国工商银行
            转账支票存根
            No 45101122
              34162876
    附加信息 _____

    出票日期 2019 年 05 月 09 日
    收款人：E 公司

    金额：¥11 300.00
    用途：
    单位主管          会计
```

图 7 - 120　转账支票存根

中国工商银行进账单（回单）

2019 年 05 月 09 日

出票人	全称	C 公司		收款人	全称	E 公司									
	账号	××××××××××××××××			账号	××××××××××××××××									
	开户行	中国工商银行南宁友爱支行			开户行	中国工商银行柳州分行									
金额	人民币（大写）	壹万壹仟叁佰元整			千	百	十	万	千	百	十	元	角	分
							￥	1	1	3	0	0	0	0
票据种类	转账支票	票据张数	1												
票据号码		34162876													
	复核 记账			开户银行签章											

图 7-121 银行进账单

固定资产验收单

2019 年 05 月 09 日   编号：

名称	规格型号	来源	数量	购（造价）	使用年限	预计残值
办公桌		外购	5	2 000.00	5	500
安装费	月折旧率	建造单位		交工日期		附件
	1.58%			2019 年 05 月 09 日		
验收部门	行政部	验收人员	魏艳新	管理部门	行政部	管理人员	魏艳新
备注						

审核：王一平   制单：陈芸芸

图 7-122 固定资产验收单

表 7-43 通用记账凭证

年   月   日   凭证编号：

摘要	总账科目	明细科目	借方金额										贷方金额										记账符号
			千	百	十	万	千	百	十	元	角	分	千	百	十	万	千	百	十	元	角	分	
附件： 张		合计																					

会计主管：   记账：   复核：   出纳：   制单：

8. 支付货款

2019 年 5 月 15 日，C 公司（商品零售企业）用银行存款支付前欠 C 商店货款，请根据原始凭证编制通用记账凭证（见表 7-44）。银行进账单、转账支票存根如图 7-123、图 7-124 所示。

中国工商银行进账单（回单）

2019 年 05 月 15 日

出票人	全称	C 公司		收款人	全称	C 商店									
	账号	××××××××××××××××			账号	4501003212734916756									
	开户行	中国工商银行南宁友爱支行			开户行	中国工商银行桂林阳朔支行									
金额	人民币 （大写）	伍仟陆佰元整			千	百	十	万	千	百	十	元	角	分	
								¥	5	6	0	0	0	0	
票据种类	转账支票	票据张数	1												
票据号码		34162879													
	复核	记账				开户银行签章									

图 7 – 123　银行进账单

中国工商银行

转账支票存根

No 45101122

34162879

附加信息＿＿＿＿＿＿＿＿＿

出票日期 2019 年 05 月 15 日

收款人：C 商店

＿＿＿＿＿＿＿＿＿＿＿

金额：¥5 600.00

用途：偿还货款

单位主管　　　　会计

图 7 – 124　转账支票存根

表 7 – 44　通用记账凭证

年　　月　　日　　　　　　　　　　　　　　凭证编号：

摘要	总账科目	明细科目	借方金额										贷方金额										记账符号
			千	百	十	万	千	百	十	元	角	分	千	百	十	万	千	百	十	元	角	分	
附件：　张		合计																					

会计主管：　　　　记账：　　　　复核：　　　　出纳：　　　　制单：

三、实训提示

（一）填制收款凭证

（1）销售收款1。该笔经济业务应计入"银行存款"账户的借方，"主营业务收入"账户和"应交税费"账户的贷方。

（2）销售收款2。该笔经济业务应计入"银行存款"账户的借方，"主营业务收入"账户和"应交税费"账户的贷方。

（3）收回汇票款项。该笔经济业务应计入"银行存款"账户的借方，"应收票据"账户的贷方。

（4）收回货款1。该笔经济业务应计入"银行存款"账户的借方，"应收账款"账户的贷方。

（5）收回货款2。该笔经济业务应计入"银行存款"账户的借方，"应收账款"账户的贷方。

（6）预收货款。该笔经济业务应计入"银行存款"账户的借方，"预收账款"账户的贷方。

（7）收回员工借款。该笔经济业务应计入"库存现金"账户的借方，"其他应收款"账户的贷方。

（8）银行借款。该笔经济业务应计入"银行存款"账户的借方，"短期借款"账户的贷方。

（9）收到投资款。该笔经济业务应计入"银行存款"账户的借方，"实收资本"账户的贷方。

（10）销售材料。该笔经济业务应计入"银行存款"账户的借方，"其他业务收入"账户和"应交税费"账户的贷方。

（11）收押金。该笔经济业务应计入"库存现金"账户的借方，"其他应付款"账户的贷方。

（二）填制付款凭证

（1）支付购货款。该笔经济业务应计入"应付账款"账户的借方，"银行存款"账户的贷方。

（2）购买办公用品。该笔经济业务应计入"管理费用"账户的借方，涉及税费的，还应该计入"应交税费"账户借方，"库存现金"账户的贷方。

（3）提取现金。该笔经济业务应计入"库存现金"账户的借方，"银行存款"账户的贷方。

（4）发放工资。该笔经济业务应计入"应付职工薪酬"账户的借方，"库存现金"账户的贷方。

（5）预借差旅费。该笔经济业务应计入"其他应收款"账户的借方，"库存现金"账户的贷方。

（6）现金存款。该笔经济业务应计入"银行存款"账户的借方，"库存现金"账户的贷方。

（7）支付货款。该笔经济业务应计入"应付账款"账户的借方，"银行存款"账户的贷方。

（8）购买办公用品。该笔经济业务应计入"周转材料"账户和"应交税费"账户的借方，"库存现金"账户的贷方。

（9）支付广告费。该笔经济业务应计入"销售费用"账户和"应交税费"账户的借方，"银行存款"账户的贷方。

（10）购入原料。该笔经济业务应计入"原材料"账户和"应交税费"账户的借方，"银行存款"账户的贷方。

（11）预付货款。该笔经济业务应计入"预付账款"账户的借方，"银行存款"账户的贷方。

（12）购入材料。该笔经济业务应计入"原材料"账户和"应交税费"账户的借方，"银行存款"账户的贷方。

（13）购买发票。该笔经济业务应计入"管理费用"账户的借方，"银行存款"账户的贷方。

（14）缴纳社保费。该笔经济业务应计入"其他应付款"账户和"应付职工薪酬"账户的借方，"银行存款"账户的贷方。

（三）填制转账凭证

（1）购进材料1。该笔经济业务应计入"原材料"账户和"应交税费"账户的借方，"应付账款"账户的贷方。

（2）购进材料2。该笔经济业务应计入"在途物资"账户和"应交税费"账户的借方，"应付账款"账户的贷方。

（3）购进材料3。该笔经济业务应计入"原材料"账户和"应交税费"账户的借方，"应付账款"账户的贷方。

（4）领用材料1。该笔经济业务应计入"生产成本"账户的借方，"原材料"账户的贷方。

（5）领用材料2。该笔经济业务应计入"制造费用"账户的借方，"原材料"账户的贷方。

（6）计提消费税。该笔经济业务应计入"税金及附加"账户的借方，"应交税费"账户的贷方。

（7）销售软件。该笔经济业务应计入"应收账款"账户的借方，"主营业务收入"账户和"应交税费"账户的贷方。

（8）支付差旅费。该笔经济业务应计入"销售费用"账户的借方，"其他应收款"账户的贷方。

（9）计提折旧。该笔经济业务应计入"管理费用"账户的借方，"累计折旧"账户的贷方。

（10）计提工资。该笔经济业务应计入"生产成本"账户、"管理费用"账户和"销售费用"账户的借方，"应付职工薪酬"账户的贷方。

（11）计提企业负担的社保和住房公积金。该笔经济业务应计入"生产成本"账户、"制造费用"账户、"管理费用"账户和"销售费用"账户的借方，"应付职工薪酬"账户的贷方。

（四）填制通用记账凭证

（1）借入借款。该笔经济业务应计入"银行存款"账户的借方，"短期借款"账户的贷方。

（2）支付广告费。该笔经济业务应计入"销售费用"账户的借方，涉及税费的，还应该计入"应交税费"账户借方，"银行存款"账户的贷方。

（3）购进商品。该笔经济业务应计入"库存商品"账户和"应交税费"账户的借方，"银行存款"账户和"应付账款"账户的贷方。

（4）缴存现金。该笔经济业务应计入"银行存款"账户的借方，"库存现金"账户的贷方。

（5）提取现金。该笔经济业务应计入"库存现金"账户的借方，"银行存款"账户的贷方。

（6）发放工资。该笔经济业务应计入"应付职工薪酬"账户的借方，"库存现金"账户的贷方。

（7）购买办公桌。该笔经济业务应计入"固定资产"、"应交税费"账户的借方，"银行存款"账户的贷方。

（8）支付货款。该笔经济业务应计入"应付账款"账户的借方，"银行存款"账户的贷方。

实训四　记账凭证的审核

一、实训目的

熟悉审核记账凭证的基本要求，掌握审核的方法，加强对记账凭证合理性、完整性、技术性的审核，审核后的记账凭证能区别不同情况进行处理。

二、实训资料和要求

1. 领用材料

2019年5月20日，B公司第一车间领用汽油（材料类别：原材料），制单人员根据原始凭证编制一张记账凭证，请对记账凭证进行复核。转账凭证、领料单、发出材料计算表如图7-125～图7-127所示。

转账凭证

2019 年 05 月 20 日   凭证编号：转字第 11 号

摘要	总账科目	明细科目	借方金额										贷方金额										记账符号
			千	百	十	万	千	百	十	元	角	分	千	百	十	万	千	百	十	元	角	分	
维修设备	生产成本	一车间					2	3	7	0	0												
领用材料	原材料	汽油																2	3	7	0	0	
附件：2 张	合计						¥	2	3	7	0	0					¥	2	3	7	0	0	

会计主管：   记账：   复核：   出纳：   制单：李四

图 7－125   转账凭证

领料单

领料单位：第一车间   编号：02

用途：清洗设备   2019 年 05 月 20 日   发料仓库：二仓库

材料编号	材料类别	名称	规格	计量单位	数量		金额	
					请领	实发	单价	金额
003		汽油		升	30	30		
备注：			合计		30	30		

主管：张燕	记账：王鹏飞	领料单位负责人：廖竹蝶	领料人：郝益民	发料人：王毅

图 7－126   领料单

发出材料计算表

材料品名	计量单位	期初结存数量	本期购入数量	期初结存金额	本期购入金额	单位成本	生产耗用	
							数量	金额
汽油	升	10	90	70.00	720.00	7.90	30	237.00

审核：魏平   制表：赵梅

图 7－127   发出材料计算表

2. 支付购料款

2019 年 6 月 23 日，B 公司偿还上月购料款，制单人员根据原始凭证编制一张记账凭证，请对记账凭证进行复核。原付款凭证、电汇凭证如图 7－128、图 7－129 所示。

3. 提取现金

2019 年 6 月 27 日，B 公司从银行提取现金，以备零星开支。制单人员根据原始凭证编制一张记账凭证，请对记账凭证进行复核。原付款凭证、现金支票存根如图 7－130、图 7－131 所示。

付款凭证

贷方科目：银行存款　　　　　　　2019 年 06 月 21 日　　　　　　　凭证编号：银付字第 21 号

摘要	借方科目		金额										记账符号
	总账科目	明细科目	千	百	十	万	千	百	十	元	角	分	
偿还上月购料款	应付账款	D 公司			4	6	8	7	5	0	0		
附件： 1 张	合　计			¥	4	6	8	7	5	0	0		

会计主管：　　　　记账：　　　　复核：　　　　出纳：　　　　制单：李四

图 7 - 128　付款凭证

中国工商银行电汇凭证（回单）

□普通　□加急　　　　　　　　委托日期 2019 年 06 月 21 日

汇款人	全称	B 公司		收款人	全称	D 公司	
	账号	××××××××××××××××			账号	××××××××××××××××	
	汇出地点	广西省南宁市/县			汇入地点	广西省南宁市/县	

汇出行名称	中国工商银行南宁兴宁支行	汇入行名称	中国工商银行南宁分行

金额	人民币（大写）	肆万捌仟柒佰伍拾元整	千	百	十	万	千	百	十	元	角	分
						¥	4	8	7	5	0	0	0

支付密码

附加信息及用途：
购买材料

汇出行签章　　　　　　　　　　复核：　　　　记账：

图 7 - 129　电汇凭证

付款凭证

贷方科目：库存现金　　　　　　　2019 年 06 月 27 日　　　　　　　凭证编号：银付第 22 号

摘要	借方科目		金额										记账符号
	总账科目	明细科目	千	百	十	万	千	百	十	元	角	分	
提现备用	银行存款						6	0	0	0	0	0	
附件： 1 张	合　计				¥	6	0	0	0	0	0		

会计主管：　　　　记账：　　　　复核：　　　　出纳：　　　　制单：李四

图 7 - 130　付款凭证

中国工商银行
现金支票存根
No 45101122
21872649
附加信息＿＿＿＿＿＿＿＿＿＿＿

出票日期 2019 年 06 月 27 日
收款人：B 公司

金额：￥6 000.00
用途：备用金
单位主管　　　　会计

图 7 - 131　现金支票存根

4. 包装物押金

2019 年 7 月 12 日，B 公司收到出借包装物押金。制单人员根据原始凭证编制一张记账凭证，请对记账凭证进行审核。原收款凭证、收款收据如图 7 - 132、图 7 - 133 所示。

收款凭证

借方科目：库存现金　　　　　　　　2019 年 07 月 12 日　　　　　　　凭证编号：现收第 3 号

摘要	贷方科目		金额										记账符号
	总账科目	明细科目	千	百	十	万	千	百	十	元	角	分	
收到包装物押金	其他业务收入							8	6	0	0	0	
附件：　1　张	合　计						￥	8	6	0	0	0	

会计主管：　　　　记账：　　　　复核：　　　　出纳：　　　　制单：李四

图 7 - 132　收款凭证

收款收据　　　　　　　　　　　　　　　　　　　　　NO：3145841

2019 年 07 月 12 日

今收到　　D 公司
交来：　　包装物押金
金额（大写）　零　拾　零万　捌仟　陆佰　零拾　零元　零　角　零分
￥　8 600.00　□现金　□支票　□信用卡　□其他　　收款单位（签章）

核准：刘益辉　　会计：　　　　记账：　　　　出纳：赵一鸣　　经手人：王丹云

图 7 - 133　收款收据

三、实训提示

（1）完整的记账凭证应包括日期、凭证编号、摘要、结算方式、票号、借方科目、贷方科目、金额、所附单据说明、制单人、审核人、记账人等内容。对记账凭证应审核上述项目是否填列完整、正确，相关人员是否签名或盖章。

（2）审核记账凭证所使用的会计科目和所填写的金额是否正确。通常情况下，可以编制一借多贷或一贷多借的会计分录，但不能编制多借多贷的会计分录。

（3）记账凭证金额栏的空白处要划掉，合计金额栏要用人民币符号封头。

实训五　会计凭证的传递和保管

一、实训目的

会计凭证是重要的经济档案，通过实训使学员熟悉会计凭证造册归档、借阅及保管、销毁手续，掌握会计凭证的装订方法和保管要求。

二、实训资料

实训三发生的经济业务所填制并经审核无误后的记账凭证及所附原始凭证。

三、实训要求

（1）定期整理，装订成册。会计部门记账后，应定期（一般为每旬或每月）将会计凭证加以归类、整理，确保会计凭证完整无缺后，折叠整齐，加上封面、封底，装订成册，有关人员签名并加盖单位公章。

（2）科学管理，存取有序。会计凭证必须进行科学管理，做到妥善保管、存放有序、查找方便，严格执行安全和保密制度，不得随意堆存，严防毁损、丢失和泄密。

第八章

会计账簿登记的实训

实训一　日记账登记

一、实训目的

通过日记账的登记，学员可以进一步了解日记账的种类、格式和基本内容，熟悉登记日记账的依据和要求，掌握库存现金日记账及银行存款日记账的登记方法。

二、实训资料

第一章实训三，A 公司和 B 公司发生的经济业务所编制的收款凭证和付款凭证。

三、实训要求

（1）根据 A 公司审核无误的收、付款凭证逐日逐笔登记库存现金日记账和银行存款日记账（库存现金日记账期初余额为 9 000 元，银行存款日记账期初余额为 769 000 元）（见表 8 - 1、表 8 - 2）。

（2）根据 B 公司审核无误的收、付款凭证逐日逐笔登记库存现金日记账和银行存款日记账（库存现金日记账期初余额为 5 000 元，银行存款日记账期初余额为 317 000 元）（见表 8 - 3、表 8 - 4）。

（3）库存现金日记账每日终了应结出余额，并与库存现金相核对，银行存款日记账应定期与银行送来的对账单进行核对，做到日清月结。

四、实训提示

（1）登记库存现金日记账和银行存款日记账一定要按时间顺序进行。

（2）库存现金日记账和银行存款日记账一定要每日登记，做到日清月结。

表 8-1　库存现金日记账

年		凭证号	摘要	对方科目	借方								贷方								借或贷	余额							
月	日				十万	千	百	十	元	角	分		十万	千	百	十	元	角	分			十万	千	百	十	元	角	分

表 8-2　银行存款日记账

年		凭证号	摘要	结算凭证		借方								贷方								借或贷	余额							
月	日			种类	编号	十万	千	百	十	元	角	分		十万	千	百	十	元	角	分			十万	千	百	十	元	角	分

表 8-3　库存现金日记账

年		凭证号	摘要	对方科目	借方								贷方								借或贷	余额							
月	日				十万	千	百	十	元	角	分		十万	千	百	十	元	角	分			十万	千	百	十	元	角	分

表 8-4　银行存款日记账

年		凭证号	摘要	结算凭证		借方								贷方								借或贷	余额							
月	日			种类	编号	十万	千	百	十	元	角	分		十万	千	百	十	元	角	分			十万	千	百	十	元	角	分

（3）根据库存现金的收、付款凭证登记库存现金日记账，根据银行存款收、付款凭证登记银行存款日记账，因为现金和银行存款之间的划转业务只编制付款凭证，不编制收款凭证，因此在登记库存现金日记账时，不要漏掉与库存现金有关的银行存款的付款凭证；在登记银行存款日记账时，不要漏掉与银行存款有关的库存现金的付款凭证。

实训二　分类账的登记

一、实训目的

熟悉总账和明细账的外表形式及账页格式，掌握总账和明细账的登记方法。

二、实训资料和要求

（一）总账的登记

A 公司 2019 年 4 月 1 日至 4 月 30 日的科目汇总表如表 8 - 5 所示。

表 8 - 5　科目汇总表

2019 年 04 月 01 日至 04 月 30 日

会计科目	借方金额											贷方金额										
	亿	仟	百	十	万	千	百	十	元	角	分	亿	仟	百	十	万	千	百	十	元	角	分
库存现金															2	0	0	0	0	0	0
银行存款				3	2	0	0	0	0	0	0				3	0	0	0	0	0	0	0
应收账款															2	0	0	0	0	0	0
库存商品				2	0	0	0	0	0	0	0											
短期借款				2	0	0	0	0	0	0	0				1	0	0	0	0	0	0	0
应付账款				1	0	0	0	0	0	0	0				2	0	0	0	0	0	0	0
合计				8	2	0	0	0	0	0	0				8	2	0	0	0	0	0	0

1. 登记银行存款总账

2019 年 4 月 30 日，记账员程艳根据 2019 年 4 月 1 日至 4 月 30 日的科目汇总表登记银行存款总账（银行存款总账月初余额为 156 000 元）（见表 8 - 6）。

表 8 - 6　银行存款总账

科目名称：

年		凭证号	摘要	页数	借方								贷方								借或贷	余额							
月	日				十万	千	百	十	元	角	分		十万	千	百	十	元	角	分			十万	千	百	十	元	角	分

2. 登记应收账款总账

2019 年 4 月 30 日，记账员程艳根据 2019 年 4 月 1 日至 4 月 30 日的科目汇总表登记应收账款总账（应收账款总账月初余额为 310 000 元）（见表 8 - 7）。

表 8 - 7　应收账款总账

科目名称：

年		凭证号	摘要	页数	借方								贷方								借或贷	余额							
月	日				十万	千	百	十	元	角	分		十万	千	百	十	元	角	分			十万	千	百	十	元	角	分

3. 登记短期借款总账

2019 年 4 月 30 日，记账员程艳根据 2019 年 4 月 1 日至 4 月 30 日的科目汇总表登记短期借款总账（短期借款总账月初余额为 317 000 元）（见表 8 - 8）。

表 8 - 8　短期借款总账

科目名称：

年		凭证号	摘要	页数	借方								贷方								借或贷	余额							
月	日				十万	千	百	十	元	角	分		十万	千	百	十	元	角	分			十万	千	百	十	元	角	分

4. 登记应付账款总账

2019 年 4 月 30 日，记账员张翔根据 2019 年 4 月 1 日至 4 月 30 日的科目汇总表登记应付账款总账（应付账款总账月初余额为 168 000 元）（见表 8 – 9）。

表 8 – 9　应付账款总账

科目名称：

年		凭证号	摘要	页数	借方								贷方								借或贷	余额							
月	日				十	万	千	百	十	元	角	分	十	万	千	百	十	元	角	分		十	万	千	百	十	元	角	分

（二）明细账的登记

1. 三栏式明细账的登记

A 公司 2019 年 4 月初的"应收账款——先科公司"账户借方本年累计发生额为 780 000 元，贷方本年累计发生额为 612 000 元，期初余额借方为 81 000 元；本月发生的经济业务所编制的转账凭证、收款凭证如图 8 – 1 ~ 图 8 – 3 所示。根据相关资料登记"应收账款——先科公司"明细账（见表 8 – 10）并进行结账。

转账凭证

2019 年 04 月 10 日　　　　　　　　　　　　　凭证编号：转字第 11 号

摘要	总账科目	明细科目	借方金额										贷方金额										记账符号
			千	百	十	万	千	百	十	元	角	分	千	百	十	万	千	百	十	元	角	分	
销售产品	应收账款	先科公司		4	5	2	0	0	0	0	0												
	主营业务收入													4	0	0	0	0	0	0	0		
	应交税费	应交增值税（销项税额）														5	2	0	0	0	0		
附件：2 张	合计		¥	4	5	2	0	0	0	0	0		¥	4	5	2	0	0	0	0	0		

会计主管：　　　　记账：　　　　复核：王星　　　出纳：张三　　　制单：李四

图 8 – 1　转账凭证

收款凭证

借方科目：银行存款　　　　　　　　　　2019 年 04 月 14 日　　　　　　　　　　凭证编号：现收第 6 号

摘要	贷方科目		金额										记账符号
	总账科目	明细科目	千	百	十	万	千	百	十	元	角	分	
收到上月欠款	应收账款	先科公司			5	6	8	0	0	0	0		
附件： 1 张	合　计			¥	5	6	8	0	0	0	0		

会计主管：　　　　记账：　　　　复核：王星　　　出纳：张三　　　制单：李四

图 8－2　收款凭证

转账凭证

2019 年 04 月 13 日　　　　　　　　　　凭证编号：转字第 12 号

摘要	总账科目	明细科目	借方金额										贷方金额										记账符号
			千	百	十	万	千	百	十	元	角	分	千	百	十	万	千	百	十	元	角	分	
销售产品	应收账款	先科公司			2	2	6	0	0	0	0													
	主营业务收入														2	0	0	0	0	0	0	0	
	应交税费	应交增值税（销项税额）														2	6	0	0	0	0		
附件：2 张	合计			¥	2	2	6	0	0	0	0			¥	2	2	6	0	0	0	0		

会计主管：　　　　记账：　　　　复核：王星　　　出纳：张三　　　制单：李四

图 8－3　转账凭证

表 8－10　明细账

科目名称：

年		凭证号	摘要	页数	借方								贷方								借或贷	余额							
月	日				十	万	千	百	十	元	角	分	十	万	千	百	十	元	角	分		十	万	千	百	十	元	角	分

2. 数量金额式明细账的登记

2019 年 4 月初 A 公司的"原材料——乙烯"账户借方本年累计发生额为 1 200 000 元、数量为 6 000 吨，贷方本年累计发生额为 1 000 000 元、数量为 5 000 吨，期初余额借方为 130 000 元、数量为 650 吨，单价 200 元（本公司材料领用按先进先出法核算）。提示：乙烯所有的进价和出库单价都是 200 元/吨。本月发生的经济业务所编制的付款凭证、转账凭证如图 8-4~图 8-7 所示。根据相关资料登记"原材料——乙烯"明细账并进行结账（见表 8-11）。

付款凭证

贷方科目：银行存款　　　　　　　　2019 年 04 月 05 日　　　　　　　　凭证编号：银付第 2 号

摘要	借方科目		金额									记账符号
	总账科目	明细科目	千	百	十	万	千	百	十	元	角	分
购进材料	原材料	乙烯				4	0	0	0	0	0	0	
（200 吨，单价 200 元）	应交税费	应交增值税（进项税额）					5	2	0	0	0	0	
附件：3 张	合　计				¥	4	5	2	0	0	0	0	

会计主管：　　　　记账：　　　　复核：王星　　　　出纳：张三　　　　制单：李四

图 8-4　付款凭证

转账凭证

2019 年 04 月 16 日　　　　　　　　凭证编号：转字第 13 号

摘要	总账科目	明细科目	借方金额										贷方金额										记账符号
			千	百	十	万	千	百	十	元	角	分	千	百	十	万	千	百	十	元	角	分	
购进材料	原材料	乙烯			8	0	0	0	0	0	0												
（400 吨，单价 200 元）	应交税费	应交增值税（进项税额）			1	0	4	0	0	0	0												
	应付账款	D 公司													9	0	4	0	0	0	0		
附件：2 张	合　计			¥	9	0	4	0	0	0	0			¥	9	0	4	0	0	0	0		

会计主管：　　　　记账：　　　　复核：王星　　　　出纳：张三　　　　制单：李四

图 8-5　转账凭证

转账凭证

2019 年 04 月 20 日　　　　　　　　　　　　　凭证编号：转字第 14 号

摘要	总账科目	明细科目	借方金额										贷方金额										记账符号
			千	百	十	万	千	百	十	元	角	分	千	百	十	万	千	百	十	元	角	分	
购进材料	原材料	乙烯			1	2	0	0	0	0	0	0												
（400 吨，单价 200 元）	应交税费	应交增值税（进项税额）				1	5	6	0	0	0	0												
	应付账款	E 公司												1	3	5	6	0	0	0	0		
附件：2 张	合计		¥	1	3	5	6	0	0	0	0	0	¥	1	3	5	6	0	0	0	0	0	

会计主管：　　　　记账：　　　　复核：王星　　　出纳：张三　　　制单：李四

图 8 – 6　转账凭证

转账凭证

2019 年 05 月 20 日　　　　　　　　　　　　　凭证编号：转字第 15 号

摘要	总账科目	明细科目	借方金额										贷方金额										记账符号
			千	百	十	万	千	百	十	元	角	分	千	百	十	万	千	百	十	元	角	分	
领用材料	生产成本	一车间				1	6	0	0	0	0	0												
（800 吨）	原材料	乙烯														1	6	0	0	0	0	0	
附件：1 张	合计		¥		1	6	0	0	0	0	0	0	¥		1	6	0	0	0	0	0	0	

会计主管：　　　　记账：　　　　复核：王星　　　出纳：张三　　　制单：李四

图 8 – 7　转账凭证

表 8 – 11　原材料明细账

材料类别：　　　　　　　　　　　　　　　　　　　　　　　　　　存放仓库：

品名和规格：　　　　　　　　　　　　计量单位：　　　　　　　　　编号：

年		凭证号数	摘要	收入			发出			结存		
月	日			数量	单价	金额	数量	单价	金额	数量	单价	金额

3. 多栏式明细账的登记

2019 年 4 月，A 公司本月发生的经济业务所编制的付款凭证如图 8 - 8 ~ 图 8 - 11 所示。根据相关资料登记 1 - 10 日管理费用明细账。

付款凭证

贷方科目：库存现金　　　　　　2019 年 04 月 03 日　　　　　　凭证编号：现付第 1 号

摘要	借方科目		金额											记账符号
	总账科目	明细科目	千	百	十	万	千	百	十	元	角	分		
报销办公用品费	管理费用	办公费					6	8	0	0	0	0		
附件： 2 张	合　计					¥	6	8	0	0	0	0		

会计主管：　　记账：　　复核：王星　　出纳：张三　　制单：李四

图 8 - 8　付款凭证

付款凭证

贷方科目：银行存款　　　　　　2019 年 04 月 04 日　　　　　　凭证编号：银付第 1 号

摘要	借方科目		金额											记账符号
	总账科目	明细科目	千	百	十	万	千	百	十	元	角	分		
支付办公用资产维修费	管理费用	修理费					8	6	0	0	0	0		
附件： 2 张	合　计					¥	8	6	0	0	0	0		

会计主管：　　记账：　　复核：王星　　出纳：张三　　制单：李四

图 8 - 9　付款凭证

付款凭证

贷方科目：银行存款　　　　　　2019 年 04 月 06 日　　　　　　凭证编号：银付第 3 号

摘要	借方科目		金额											记账符号
	总账科目	明细科目	千	百	十	万	千	百	十	元	角	分		
支付上月通信费用	管理费用	通信费					9	6	5	0	0	0		
附件： 2 张	合　计					¥	9	6	5	0	0	0		

会计主管：　　记账：　　复核：王星　　出纳：张三　　制单：李四

图 8 - 10　付款凭证

付款凭证

贷方科目：银行存款　　　　　　　　　2019 年 04 月 08 日　　　　　　　　　凭证编号：银付第 4 号

摘要	借方科目		金额										记账符号
	总账科目	明细科目	千	百	十	万	千	百	十	元	角	分	
支付上月水电费	制造费用	水电费				1	4	0	0	0	0	0	
	管理费用	水电费					6	0	0	0	0	0	
	应交税费	应交增值税（进项税额）					1	2	0	0	0	0	
附件：　1　张	合　计		￥	2	1	2	0	0	0	0			

会计主管：　　　　记账：　　　　复核：王星　　　　出纳：张三　　　　制单：李四

图 8－11　付款凭证

三、实训提示

（1）总账一般按会计科目设置账页，在月末根据汇总记账凭证登记借方发生额和贷方发生额，并结出月末余额。

（2）登记应收款明细账、应付款明细账时，一般按单位或个人设置明细科目。应收款明细账、应付款明细账的登记应尽可能详细，时间、凭证号、摘要、对方科目等栏目均要填写。

（3）登记材料明细账时，要按材料品种设置明细科目，并将数量和金额栏登记完整。

实训三　银行存款余额调节表的编制

一、实训目的

在银行与企业之间，由于凭证的传递时间不同，导致双方记账时间不一致，从而产生了未达账项。通过实训，学员可以掌握银行存款日记账与银行对账单的核对及银行存款余额调节表的编制方法。

二、实训资料和要求

（1）B 公司 2016 年 12 月银行对账单、银行存款日记账如图 8－12、图 8－13 所示。根据相关资料编制银行存款余额调节表（见表 8－12）。

银行对账单

账号：×××××××××× 　　　　　单位名称：B公司 　　　　　币种：人民币

年份：2019

日期	摘要	凭证种类	凭证号码	借方发生额	贷方发生额	余额
1218	承前页					761 000.00
1223	支付货款	转账支票	#2162	161 000.00		600 000.00
1225	支付广告费	转账支票	#2164	80 000.00		520 000.00
1229	存款利息	特种转账	#1201		11 800.00	531 800.00
1229	收回货款	委托收款	#1012		40 000.00	571 800.00
1230	收回货款	委托收款	#1013		80 000.00	651 800.00
1231	贷款利息	特种转账	#1301	6 000.00		645 800.00

图 8－12　银行对账单

银行存款日记账

2019 年		凭证		摘要	借方	贷方	余额
月	日	种类	号数				
12	18			承前页	3 196 400.00	3 957 400.00	761 000.00
12	23	银付	17	支付材料款		161 000.00	600 000.00
12	25	银付	18	支付广告费		80 000.00	520 000.00
12	29	银收	21	收回货款	40 000.00		560 000.00
12	30	银付	19	购买办公用品		2 000.00	558 000.00
12	30	银收	22	收回货款	80 000.00		638 000.00
12	31	银付	20	预付账款		100 000.00	538 000.00
12	31	银收	23	收回货款	20 000.00		558 000.00
12	31			本月合计	390 000.00	463 000.00	558 000.00
12	31			本年累计	3 336 400.00	4 300 400.00	558 000.00
12	31			结转下年			558 000.00

图 8－13　银行存款日记账

表 8 – 12　银行存款余额调节表

开户银行：　　　　　　　　　账号：　　　　　　　　　　　　年　　月　　日止

摘要	凭证号	金额	摘要	凭证号	金额
银行存款日记账余额			银行对账单余额		
加：银行已收，企业未收			加：企业已收，银行未收		
1			1		
2			2		
3			3		
减：银行已付，企业未付			减：企业已付，银行未付		
1			1		
2			2		
3			3		
调节后余额			调节后余额		

（2）2019 年 5 月 31 日，A 公司（开户行：中国工商银行南宁江南支行，账号：×××××××××××××××××××）银行存款日记账的记录与开户行送来的对账单核对时，双方本月下旬的有关数字记录如下（每旬核对一次）。

银行存款日记账账面记录：

21 日开出转账支票（#1221），支付购货款 58 600 元；

23 日开出现金支票（#432），提取现金 500 元；

25 日开出转账支票（#1222），支付 D 公司账款 35 800 元；

26 日收到柳州化工公司货款（#374），货款 45 700 元；

29 日收到转账支票（#6253），存入货款 10 000 元；

30 日开出转账支票（#1223），支付材料运费 800 元；

31 日结存余额 147 800 元。

银行对账单记录：

22 日收到柳州化工公司货款（#374），货款 45 700 元；

23 日付现金支票（#432），计 500 元；

23 日付转账支票（#1221），购料款 58 600 元；

25 日代交自来水公司水费（#1247），水费 2 040 元；

28 日代收 E 公司货款（#761），货款 32 800 元；

30 日付转账支票（#1222），购料款 35 800 元；

31 日结存余额 169 360 元。

要求：将本月银行存款各项发生额与银行对账单核对，查明未达账项，编制银行存款余额调节表（见表 8 – 13）。

表8－13　银行存款余额调节表

开户银行：　　　　　　　　　账号：　　　　　　　　　　　　年　月　日止

摘　要	凭证号	金额	摘　要	凭证号	金额
银行存款日记账余额			银行对账单余额		
加：银行已收，企业未收			加：企业已收，银行未收		
1			1		
2			2		
3			3		
减：银行已付，企业未付			减：企业已付，银行未付		
1			1		
2			2		
3			3		
调节后余额			调节后余额		

三、实训提示

详细检查本单位银行存款日记账是否正确，然后根据银行送来的对账单逐笔核对。通过核对，如果发现双方账目不一致（其原因主要有两方面：一是双方账目可能发生错账或漏账；二是正常的未达账项），对于错账和漏账要及时更正，对于未达账项，则应编制银行存款余额调节表以检查双方账目是否相符。

实训四　结账

一、实训目的

通过结账，学员可以了解结账的目的、内容及要求，掌握结账的实际操作程序。

二、实训资料和要求

（1）A公司已全部入账的总账（见本章实训二）；
（2）A公司已全部入账的明细账（见本章实训二）；
（3）A公司已全部入账的库存现金日记账和银行存款日记账（见本章实训一）。
要求：按规定对A公司进行结账。

三、实训提示

（1）账项结转和结账都是在会计期末进行，一般不在会计期间进行。
（2）检查本期内日常发生的经济业务是否全部登记入账，若发现漏账、错账应及时补记、更正。

（3）编制有关账项调整的记账凭证，并据以登记入账。

实训五　更正错账

一、实训目的

熟练掌握记账凭证的填制方法和更正错账的方法。

二、实训资料和要求

2019 年 5 月 31 日，A 公司发现 2019 年 5 月 11 日车间生产产品领用原材料 46 500 元，相应的记账凭证编制有误。记账凭证如图 8－14 所示。要求：采用正确的方法更正错账。

记账凭证

2019 年 05 月 11 日　　　　　　　　　　　　　　　　凭证编号：转字第 21 号

摘要	总账科目	明细科目	借方金额										贷方金额										记账符号
			千	百	十	万	千	百	十	元	角	分	千	百	十	万	千	百	十	元	角	分	
领用原材料	制造费用	一车间					4	6	5	0	0	0												
	原材料																4	6	5	0	0	0	
附件：2 张	合　计					¥	4	6	5	0	0	0				¥	4	6	5	0	0	0	

会计主管：　　　　记账：　　　　　复核：王五　　出纳：张三　　　制单：李四

图 8－14　记账凭证

三、实训提示

对企业发生的错账，应先明确发生的错误属于何种情况，然后选择正确的更正方法。

第九章

会计报表编制的实训

实训一 资产负债表的编制

一、实训目的

通过资产负债表的编制，学员可以熟悉资产负债表的基本结构和编制要求，掌握资产负债表编制的具体方法。

二、实训资料

南宁名都实业公司 2019 年 11 月有关总账的账户余额表如表 9 - 1 所示。

表 9 - 1 账户余额表

总账账户	明细账账户	借方余额	贷方余额
库存现金		15 000	
银行存款		860 000	
其他货币资金		95 000	
应收账款	东方公司	650 000	
应收账款	远大公司		40 000
预付账款	天地公司	117 000	
预付账款	金鑫公司		34 000
其他应收款		3 000	
坏账准备			3 000
原材料		1 360 000	
库存商品		716 000	

续表

总账账户	明细账账户	借方余额	贷方余额
生产成本		124 000	
持有至到期投资	债券投资	760 000	
固定资产		6 700 000	
累计折旧			1 200 000
无形资产		389 000	
累计摊销			59 000
短期借款			1 000 000
应付账款			650 000
预收账款	发达公司		440 000
预收账款	胜利公司	20 000	
应交税费			19 000
长期借款			1 500 000
本年利润			1 325 000
利润分配	未分配利润		119 000
实收资本			5 000 000
盈余公积			320 000
资本公积			100 000
合计		11 809 000	11 809 000

三、实训要求

请依据资料编制南宁名都实业公司 2019 年 11 月份资产负债表（见表 9 - 2）。

表 9 - 2　资产负债表

编制单位：　　　　　　　　　　　年　　月　　日　　　　　　　　　　　会企 01 表
金额单位：元

资产	行次	年初数	期末数	负债及所有者权益	行次	年初数	期末数
流动资产：	1	（略）		流动负债：	11	（略）	
货币资金	2			短期借款	12		
交易性金融资产	3			交易性金融负债	13		
应收票据	4			应付票据	14		
应收账款	5			应付账款	15		
预付账款	6			预收账款	16		
应收利息	7			应付职工薪酬	17		
应收股利	8			应交税费	18		
其他应收款	9			应付利息	19		
存货	10			其他应付款	20		

续表

资产	行次	年初数	期末数	负债及所有者权益	行次	年初数	期末数
一年内到期的非流动资产	21			一年内到期的非流动负债	41		
其他流动资产	22			其他流动负债	42		
流动资产合计	23			流动负债合计	43		
非流动资产：	24			非流动负债：	44		
可供出售金融资产	25			长期借款	45		
持有至到期投资	26			应付债券	46		
长期应收款	27			长期应付款	47		
长期股权投资	28			预计负债	48		
固定资产	29			递延所得税负债	49		
在建工程	30			其他非流动负债	50		
工程物资	31			非流动负债合计	51		
固定资产清理	32			负债合计	52		
无形资产	33			所有者权益：	53		
开发支出	34			实收资本	54		
商誉	35			资本公积	55		
长期待摊费用	36			盈余公积	56		
递延所得税资产	37			未分配利润	57		
其他非流动资产	38				58		
非流动资产合计	39			所有者权益合计	59		
资产合计	40			负债及所有者权益合计	60		

单位负责人：　　　　财会负责人：　　　　复核：　　　　制表：

四、实训提示

（1）编制资产负债表首先要收集、整理有关资料，并对这些资料进行认真审核，以保证资料真实、正确。

（2）按照国家规定的表格形式和项目内容逐项填写。其中，资产负债表中的"年初余额"应根据上年末资产负债表"期末余额"栏内所列数字填列。"期末余额"栏内各项数据根据已试算平衡的总账和明细账的余额直接填列，或根据已试算平衡的总账和明细账的余额之差（或之和）计算分析填列。

实训二　利润表的编制

一、实训目的

通过利润表的编制，学员可以熟悉利润表的基本结构和编制要求，掌握利润表编制的具体方法。

二、实训资料

晨光公司 2019 年 11 月份损益类账户发生额如表 9－3 所示。

表 9－3　损益类账户发生额　　　　　　　　　　单位：元

科目名称	借方发生额	贷方发生额
主营业务收入		2 600 000
主营业务成本	2 200 000	
其他业务收入		100 000
其他业务成本	70 000	
营业税金及附加	16 000	
销售费用	80 000	
管理费用	28 000	
财务费用	4 000	
资产减值损失	8 000	
公允价值变动损益		160 000
投资收益		200 000
营业外收入		30 000
营业外支出	9 000	
所得税费用	140 000	

三、实训要求

请依据资料编制晨光公司 2019 年 11 月份利润表（见表 9－4）。

表 9－4　利润表　　　　　　　　　　会企 02 表

编制单位：　　　　　　　　　　年　　月　　日　　　　　　　　　　金额单位：元

项目	本期金额	上期金额
一、营业收入		略
减：营业成本		
营业税金及附加		
销售费用		
管理费用		
财务费用		
资产减值损失		
加：公允价值变动收益（损失以"—"号填列）		
投资收益（损失以"—"号填列）		
其中：对联营企业和合资企业的投资收益		
二、营业利润（损失以"—"号填列）		

续表

项目	本期金额	上期金额
加：营业外收入		
减：营业外支出		
三、利润总额（损失以"—"号填列）		
减：所得税费用		
四、净利润（损失以"—"号填列）		
五、每股收益		
（一）基本每股收益		
（二）稀释每股收益		

单位负责人：　　　　　财会负责人：　　　　　复核：　　　　　制表：

四、实训提示

（1）编制利润表首先要收集、整理有关资料，并对这些资料进行认真审核，以保证资料真实、正确。

（2）按照国家规定的表格形式和项目内容逐项填写。

实训三　现金流量表的编制

一、实训目的

通过现金流量表的编制，学员可以熟悉现金流量表的基本结构和编制要求，掌握现金流量表编制的具体方法。

二、实训资料

（1）A公司2019年度发生多项经济业务，经分析确认与现金流量有关的经济业务如表9-5所示。

表9-5　涉及现金流量业务表

2019年度　　　　　　　　　　　　　　　　　　　　　　　　单位：元

序号	业务编号	业务具体内容	金额
1	（1）	以银行存款支付购入材料价税款	69 600
2	（2）	以银行存款支付前购入材料到期的商业汇票款	40 000
3	（3）	以银行存款支付购入生产用材料价税款	46 307.20
4	（6）	出售交易性金融资产，收取价款存入银行	6 600
5	（7）	以银行存款支付购入设备价税款	40 400
6	（8）	以银行存款支付购入工程材料价税款	60 000

续表

序号	业务编号	业务具体内容	金额
7	(13)	收到报废固定资产残值净收入存入银行	120
8	(14)	取得长期借款存入银行存款户	160 000
9	(15)	收到销售商品价税款存入银行	324 800
10	(16)	收到前销售商品的商业汇票款存入银行	80 000
11	(17)	收到长期股权投资分配的现金股利存入银行	12 000
12	(18)	收到出售固定资产价税款存入银行	139 200
13	(19)	用银行存款归还到期的短期银行借款	100 000
14	(20)	用银行存款支付短期借款利息	5 000
15	(21)	从银行提取现金准备发放职工工资	200 000
16	(22)	以现金支付职工工资 其中：生产经营人员工资 　　　工程人员工资	200 000 120 000 80 000
17	(32)	收到前销售商品欠款存入银行	20 400
18	(34)	用银行存款支付广告费	8 000
19	(37)	收到销售商品的商业汇票贴现款存入银行	108 000
20	(38)	从银行提取现金备用	2 000
21	(39)	用现金支付董事会管理费用	20 000
22	(42)	以银行存款支付生产设备租金	800
23	(43)	以银行存款缴纳增值税	40 000
24	(49)	以银行存款缴纳企业所得税	38 835.60
25	(50)	用银行存款归还到期的长期借款	400 000
26	(51)	用银行存款支付购入股票款	60 000

三、实训要求

根据表 9 – 5 提供的资料，编制 2019 年度的现金流量表，如表 9 – 6 所示（分析填列法）。

表 9 – 6　现金流量表

会企 03 表

编制单位：　　　　　　　　　　　年　　月　　日　　　　　　　　　　单位：元

项目	本期金额	上期金额
一、经营活动产生的现金流量		
销售商品、提供劳务收到的现金		
收到的税收返还		
收到其他与经营活动有关的现金		

项目	本期金额	上期金额
经营活动现金流入小计		
购买商品、接受劳务支付的现金		
支付给职工以及为职工支付的现金		
支付的各项税费		
支付其他与经营活动有关的现金		
经营活动现金流出小计		
经营活动产生的现金流量净额		
二、投资活动产生的现金流量		
收回投资收到的现金		
取得投资收益收到的现金		
处置固定资产、无形资产和其他长期资产收回的现金净额		
处置子公司及其他营业单位收到的现金净额		
收到其他与投资活动有关的现金		
投资活动现金流入小计		
购建固定资产、无形资产和其他长期资产支付的现金		
投资支付的现金		
取得子公司及其他营业单位支付的现金净额		
支付其他与投资活动有关的现金		
投资活动现金流出小计		
投资活动产生的现金流量净额		
三、筹资活动产生的现金流量		
吸收投资收到的现金		
取得借款收到的现金		
收到其他与筹资活动有关的现金		
筹资活动现金流入小计		
偿还债务支付的现金		
分配股利、利润或偿付利息支付的现金		
支付其他与筹资活动有关的现金		
筹资活动现金流出小计		
筹资活动产生的现金流量金额		
四、汇率变动对现金及现金等价物的影响		
五、现金及现金等价物净增加额		
加：期初现金及现金等价物余额		
六、期末现金及现金等价物余额		

四、实训提示

（1）现金流量表是以现金及现金等价物为基础编制的，企业应当采用直接法列示经营活动产生的现金流量。直接法是指通过现金收入和现金支出的主要类别直接反映经营活动产生的现金流量。

（2）现金流量表的主要内容包括经营活动产生的现金流量、投资活动产生的现金流量和筹资活动产生的现金流量。经营活动产生的现金流量应当按照经营活动的现金流入和流出的性质分项列示；投资活动产生的现金流量应当按照投资活动的现金流入和流出的性质分项列示；筹资活动产生的现金流量应当按照筹资活动的现金流入和流出的性质分项列示。

第三篇
会计综合模拟实训

一、会计主体基本情况

（1）企业名称：A公司

（2）公司性质：有限责任公司

（3）纳税人识别号：××××××××××××××××

（4）开户行、账号：中国工商银行南宁江南支行××××××××××××××××

（5）地址、电话：××市××区××路×号×××××××××

（6）纳税人性质：增值税一般纳税人（税率13%）

（7）其他：批发企业

二、根据A公司2019年12月份发生的经济业务进行相应的业务训练

（一）现金支票的填写

2019年12月1日，A公司出纳人员提取备用金6 500元，请填写现金支票。现金支票如图1所示。

图1 现金支票

（二）提现业务

2019年12月1日，承（一），请根据原始凭证编制付款凭证（见表1）。现金支票存根如图2所示。

（三）收到货款业务

2019年12月1日，A公司收到C公司前欠的货款，请根据原始凭证编制收款凭证（见表2）。银行进账单如图3所示。

（四）取得借款业务

2019年12月2日，A公司借入资金130 000元用于生产周转。请根据原始凭证编制收款凭证（见表3）。借款借据、借款合同（复印件）如图4、图5所示。

中国工商银行

现金支票存根

No 45001241

21621231

附加信息＿＿＿＿＿＿＿＿＿＿＿＿＿＿＿

出票日期 2019 年 12 月 1 日

收款人：A 公司

金额：￥6 500.00＿＿＿＿＿＿＿＿＿

用途：备用金＿＿＿＿＿＿＿＿＿＿＿＿

单位主管　　　　会计

图 2　现金支票存根

表 1　付款凭证

贷方科目：　　　　　　　　　　　　　年　月　日　　　　　　　　　凭证编号：

摘要	借方科目		金额										记账符号
	总账科目	明细科目	千	百	十	万	千	百	十	元	角	分	
附件：　张		合计											

会计主管：　　　　　记账：　　　　　复核：　　　　　出纳：　　　　　制单：

中国工商银行进账单（收账通知）

2019 年 12 月 1 日

出票人	全称	C 公司		收款人	全称	A 公司								
	账号	××××××××××××××××××			账号	××××××××××××××××××								
	开户行	中国工商银行南宁友爱支行			开户行	中国工商银行南宁江南支行								
人民币（大写）		柒仟玖佰元整			千	百	十	万	千	百	十	元	角	分
									￥	7	9	0	0	0	0
票据种类		支票						转讫 收款人开户行盖章						
票据号码														
		复核　　记账												

图 3　银行进账单

表2　收款凭证

借方科目：　　　　　　　　　　　　　年　　月　　日　　　　　　　　　　　　凭证编号：

摘要	贷方科目		金额										记账符号
	总账科目	明细科目	千	百	十	万	千	百	十	元	角	分	
附件：　　张	合计												

会计主管：　　　　　记账：　　　　　复核：　　　　　出纳：　　　　　制单：

借款借据（收账通知）

借款日期 2019 年 12 月 2 日　　　　　　　　　　　　　借据编号 451726

收款单位	全称	A 公司	付款单位	全称	中国工商银行南宁分行									
	账号	×××××××××××××××××××		账号	4501000100125001214									
	开户银行	中国工商银行南宁江南支行		开户银行	中国工商银行南宁分行									
借款金额	人民币（大写）	壹拾叁万元整		亿	千	百	十	万	千	百	十	元	角	分
					¥	1	3	0	0	0	0	0	0	0
借款原因及用途		生产周转金	借款期限	2019 年 12 月 02 日至 2020 年 06 月 01 日										
你单位上列借款，已转入你单位结算账户内。 此致 （银行盖章）														

图 4　借款借据

借款合同

借款单位：（以下简称借款方）A 公司

贷款单位：（以下简称贷款方）中国工商银行南宁分行

借款方为生产周转需要，特向贷款方申请借款，经贷款方审核同意发放，为明确双方责任，恪守信用，特签订本合同，共同遵守。

第一，借款方向贷款方借款人民币（大写）壹佰叁拾万元整，期限 7 个月，从 2019 年 12 月 02 日至 2020 年 06 月 01 日，年利率为 4%，自支用贷款之日起，按月计算利息，按季结算，到期日归还本金。

第二，贷款方应如期向借款方发放贷款，否则，按违约数额和延期天数，付给借款方违约金，违约金数额的计算，与逾期贷款罚息相同，即为 1%。

第三，贷款利率为年利率 6%。

第四，借款方应按合同使用贷款，不得转移用途，否则，贷款方有权提前终止合同。

第五，借款方保证按借款合同所订期限归还贷款本息，如需延期，借款方应在贷款到期前三天，提出延期申请，经贷款方同意，办理延期手续，但延期最长不得超过原订合同期限的一半，贷款方未同意延期或未办理延期手续的逾期贷款，加收罚息。

第六，借款方以房产（价值 500 万元）作为借款抵押，房产证件由贷款方保管（或公证机关保管），公证费由借款方负担。

第七，贷款到期，借款方未归还贷款，又未办理延期手续，贷款方有权依照法律程序处理借款方作为贷款抵押的物资和财产，返还借款本息。

第八，本合同正本 2 份，借贷各执一份。

第九，本合同自签订之日起生效，贷款本息全部结清后失效。

　　　　借款单位：A 公司（签章）　　　　　　　贷款单位：中国工商银行南宁分行（签章）

　　　　签约日期：2019 年 12 月 01 日　　　　　　签约日期：2019 年 12 月 01 日

图 5　借款合同

表3 收款凭证

借方科目: 　　　　　　　　　　　　　　年　月　日　　　　　　　　　　　　　凭证编号:

摘要	贷方科目		金额										记账符号
	总账科目	明细科目	千	百	十	万	千	百	十	元	角	分	
附件:　　张	合计												

会计主管:　　　　　记账:　　　　　复核:　　　　　出纳:　　　　　制单:

（五）购入固定资产业务

2019 年 12 月 4 日，A 公司购入计算机一台，请根据原始凭证编制付款凭证（见表4）。固定资产验收单、增值税普通发票、银行电汇凭证如图6～图8所示。

固定资产验收单

2019 年 12 月 04 日　　　　　　　　　　　　　　　　　　　　　　编号：45018

名称	规格型号	来源	数量	购（造价）	使用年限	预计残值
计算机	W7	外购	1	6 000.00	5	0
安装费	月折旧率	建造单位		交工日期	附件	
	1.67%			2019 年 12 月 04 日		
验收部门	张月新	验收人员	王艳	管理部门	韦翰	管理人员	吴军
备注						

审核：卢一喜　　　　　　　　　　　　　　　　　　　制单：陈群

图 6　固定资产验收单

450021382　　　　　　**广西增值税普通发票**　　　　　No 04151461

开票日期：2019 年 12 月 04 日

购货单位	名　　　称：A公司 纳税人识别号：×××××××××××××× 地址、电话：××市××区××路 ×号 ×××××××××× 开户行及账号：中国工商银行南宁江南支行××××××××××××××	密码区	略

货物或应税劳务名称	规格型号	单位	数量	单价	金额	税率	税额
计算机	W7	台	1	6 000.00	6 000.00	13%	780.00
合　计					6 000.00		780.00

价税合计（大写）	陆仟柒佰捌拾元整	（小写）¥6 780.00

销货单位	名　　　称：D公司 纳税人识别号：××××××××××××× 地址、电话：××市××区××路 ×号 ×××××××××× 开户行及账号：中国工商银行南宁分行××××××××××××	备注	

收款人：　　　　　复核：　　　　　开票人：赵六　　　　　销货单位（章）：

第二联：发票联　购买方记账凭证

图 7　增值税普通发票

银行电汇凭证（回单）

□普通 □加急　　　　　　委托日期 2019 年 12 月 04 日

汇款人	全称	A 公司	收款人	全称	D 公司
	账号	××××××××××××××××		账号	××××××××××××××××
	汇出地点	广西省南宁市/县		汇入地点	广西省南宁市/县

	汇出行名称	中国工商银行南宁江南支行	汇入行名称	中国工商银行兴宁支行

金额	人民币（大写）	陆仟柒佰捌拾元整	千	百	十	万	千	百	十	元	角	分
						¥	6	7	8	0	0	0

	支付密码	
	附加信息及用途：购买材料	

汇出行签章　　　　　　　　　　复核：　　　　记账：

图8　银行电汇凭证

表4　付款凭证

贷方科目：　　　　　　　　　　年　月　日　　　　　　　　　凭证编号：

摘要	借方科目		金额										记账符号
	总账科目	明细科目	千	百	十	万	千	百	十	元	角	分	
附件：　张	合计												

会计主管：　　　记账：　　　复核：　　　出纳：　　　制单：

（六）收回职工借款余额业务

2019 年 12 月 6 日，A 公司收回刘世军借款余额，请根据原始凭证编制收回职工借款余额的收款凭证（见表5）。还款凭证如图9所示。

还款凭证

借款日期：2019 年 11 月 08 日　　　　　　　　　　　　　第 2 号

借款原因：购买办公用品	借款人签章：刘一梅
借款 大写金额：五百元整 ¥：500.00	左列款项已于 12 月 06 日全部结清 报销数 ¥376.00 退还数 ¥124.00 补付数 ¥_____

图9　还款凭证

表5　收款凭证

借方科目：　　　　　　　　　　　　　　　年　　月　　日　　　　　　　　　　　　凭证编号：

摘要	贷方科目		金额										记账符号
	总账科目	明细科目	千	百	十	万	千	百	十	元	角	分	
附件：　　张	合计												

会计主管：　　　　　记账：　　　　　复核：　　　　　出纳：　　　　　制单：

（七）购料业务

2019年12月7日，A公司向南宁化学试剂厂购买材料，请根据原始凭证编制付款凭证（见表6）。收料单、增值税普通发票、银行电汇凭证如图10～图12所示。

收料单

2019年12月07日　　　　　　　　　　　　　　　　　　编码：45010520

材料编号	材料名称	规格	材质	单位	数量		实际单价	材料金额	运杂费	合计（材料实际成本）
					应收	实收				
01	丙酮			千克	500	500				
供货单位	南宁化学试剂厂		结算方法		信汇付款		合同号	HS06	计划单价	
备注										

主管：刘新颖　　　质量检验员：朱敏　　　仓库验收：蒋伟群　　　经办人：吴冰

图10　收料单

450016257　　　　　　**广西增值税普通发票**　　　　　　No 04152469

开票日期：2019年12月07日

购货单位	名　　称：A公司 纳税人识别号：××××××××××××××× 地址、电话：××市××区××路×号××××××××××× 开户行及账号：中国工商银行南宁江南支行××××××××××××××					密码区	略	
货物或应税劳务名称	规格型号	单位	数量	单价	金额	税率	税额	
丙酮		千克	500	56.00	28 000.00	13%	3 640.00	
合　计					20 000.00		3 640.00	
价税合计（大写）	叁万壹仟陆佰肆拾元整				（小写）¥31 640.00			
销货单位	名　　称：南宁化学试剂厂 纳税人识别号：450080261627392136 地址、电话：南宁市长堽路317号 07715637518 开户行及账号：中国工商银行兴宁支行 45010001012500216113					备注		

收款人：　　　　　复核：　　　　　开票人：毛一伟　　　　　销货单位（章）：

第二联：发票联　购买方记账凭证

图11　增值税普通发票

银行电汇凭证（回单）

委托日期 2019 年 12 月 07 日

□普通　□加急												

汇款人	全称	A 公司		收款人	全称	南宁化学试剂厂						
	账号	××××××××××××××××			账号	4501000100125002160113						
	汇出地点	广西省南宁市/县			汇入地点	广西省南宁市/县						

汇出行名称	中国工商银行南宁江南支行	中国工商银行兴宁支行

金额	人民币（大写）	叁万壹仟陆佰肆拾元整	千	百	十	万	千	百	十	元	角	分
						¥ 3	1	6	4	0	0	0

	支付密码	
	附加信息及用途：购买材料	
汇出行签章	复核：	记账：

图 12　银行电汇凭证

表 6　付款凭证

贷方科目：　　　　　　　　　　　年　　月　　日　　　　　　　　　凭证编号：

摘要	借方科目		金额										记账符号
	总账科目	明细科目	千	百	十	万	千	百	十	元	角	分	
附件：　　张	合计												

会计主管：　　　　记账：　　　　复核：　　　　出纳：　　　　制单：

（八）偿付账款业务

2019 年 12 月 8 日，A 公司偿还前欠 E 公司的材料款，请根据原始凭证编制付款凭证（见表 7）。银行进账单、转账支票存根如图 13、图 14 所示。

（九）预付购货款

2019 年 12 月 9 日，A 公司向 E 公司厂购买一批原材料，请根据原始凭证编制付款凭证（预付款项通过"预付账款"科目核算）（见表 8）。银行进账单、转账支票存根如图 15、图 16 所示。

（十）职工借款业务

2019 年 12 月 10 日，A 公司职工张浩典向公司借款，以现金支付，请根据原始凭证编制付款凭证（见表 9）。借款单如图 17 所示。

中国工商银行进账单（回单）

2019 年 12 月 08 日

<table>
<tr><td rowspan="3">出票人</td><td>全称</td><td>A 公司</td><td rowspan="3">收款人</td><td>全称</td><td colspan="10">E 公司</td></tr>
<tr><td>账号</td><td>××××××××××××××××</td><td>账号</td><td colspan="10">××××××××××××××××</td></tr>
<tr><td>开户行</td><td>中国工商银行南宁江南支行</td><td>开户行</td><td colspan="10">中国工商银行柳州分行</td></tr>
<tr><td rowspan="2">金额</td><td colspan="2" rowspan="2">人民币
（大写）　叁拾叁万玖仟元整</td><td>千</td><td>百</td><td>十</td><td>万</td><td>千</td><td>百</td><td>十</td><td>元</td><td>角</td><td>分</td></tr>
<tr><td></td><td>¥</td><td>3</td><td>3</td><td>9</td><td>0</td><td>0</td><td>0</td><td>0</td><td>0</td><td>0</td></tr>
<tr><td>票据种类</td><td>转账支票</td><td>票据张数</td><td>1</td><td colspan="11" rowspan="3"></td></tr>
<tr><td>票据号码</td><td colspan="3">11352163</td></tr>
<tr><td colspan="4">复核　　　　记账</td><td colspan="11">开户银行签章</td></tr>
</table>

图 13　银行进账单

中国工商银行

转账支票存根

No 45001627

11352163

附加信息＿＿＿＿＿＿＿＿＿＿＿＿＿＿＿＿

出票日期 2019 年 12 月 08 日

收款人：E 公司

金额：¥339 000.00

用途：偿还所欠货款

单位主管　　　　　　会计

图 14　转账支票存根

表 7　付款凭证

贷方科目：　　　　　　　　　　　年　月　日　　　　　　　　　凭证编号：

<table>
<tr><td rowspan="2">摘要</td><td colspan="2">借方科目</td><td colspan="10">金额</td><td rowspan="2">记账符号</td></tr>
<tr><td>总账科目</td><td>明细科目</td><td>千</td><td>百</td><td>十</td><td>万</td><td>千</td><td>百</td><td>十</td><td>元</td><td>角</td><td>分</td></tr>
<tr><td></td><td></td><td></td><td></td><td></td><td></td><td></td><td></td><td></td><td></td><td></td><td></td><td></td><td></td></tr>
<tr><td></td><td></td><td></td><td></td><td></td><td></td><td></td><td></td><td></td><td></td><td></td><td></td><td></td><td></td></tr>
<tr><td></td><td></td><td></td><td></td><td></td><td></td><td></td><td></td><td></td><td></td><td></td><td></td><td></td><td></td></tr>
<tr><td></td><td></td><td></td><td></td><td></td><td></td><td></td><td></td><td></td><td></td><td></td><td></td><td></td><td></td></tr>
<tr><td></td><td></td><td></td><td></td><td></td><td></td><td></td><td></td><td></td><td></td><td></td><td></td><td></td><td></td></tr>
<tr><td>附件：　　张</td><td colspan="2">合计</td><td></td><td></td><td></td><td></td><td></td><td></td><td></td><td></td><td></td><td></td><td></td></tr>
</table>

会计主管：　　　　记账：　　　　复核：　　　　出纳：　　　　制单：

中国工商银行进账单（回单）

2019 年 12 月 09 日

出票人	全称	A 公司	收款人	全称	E 公司
	账号	××××××××××××××××××		账号	××××××××××××××××××
	开户行	中国工商银行南宁江南支行		开户行	中国工商银行柳州分行

金额	人民币（大写）	叁拾万元整	千	百	十	万	千	百	十	元	角	分
				¥	3	0	0	0	0	0	0	0

票据种类	转账支票	票据张数	1	
票据号码		11352164		
	复核　　记账		开户银行签章	

图 15　银行进账单

中国工商银行

转账支票存根

No 45001627

11352164

附加信息 ＿＿＿＿＿＿＿＿＿＿＿

＿＿＿＿＿＿＿＿＿＿＿

出票日期 2019 年 12 月 09 日

收款人：E 公司

＿＿＿＿＿＿＿＿＿＿＿

金额：¥ 300 000.00

用途：预付货款

单位主管　　　　会计

图 16　转账支票存根

表 7　付款凭证

贷方科目：　　　　　　　　　　　　年　　月　　日　　　　　　　　　　凭证编号：

摘要	借方科目		金额										记账符号
	总账科目	明细科目	千	百	十	万	千	百	十	元	角	分	
附件：　　张		合计											

会计主管：　　　　　记账：　　　　　复核：　　　　　出纳：　　　　　制单：

借款单

2019 年 12 月 10 日 第 45015 号

借款部门	管理部门	姓名	张浩典	事由	出差
借款金额（大写）	贰仟元整	¥2 000.00			
部门负责人签署	魏群	借款人签章	张浩典	注意事项	一、凡借用公款必须使用本单 二、出差返回后 3 天内结算
单位领导批示	王斌	财务经理 审核意见	林英		

图 17 借款单

表 9 付款凭证

贷方科目： 年 月 日 凭证编号：

摘要	借方科目		金额										记账符号
	总账科目	明细科目	千	百	十	万	千	百	十	元	角	分	
附件： 张		合计											

会计主管： 记账： 复核： 出纳： 制单：

（十一）缴纳税款业务

2019 年 12 月 11 日，A 公司缴纳上月增值税和附加税，请根据原始凭证编制付款凭证（见表 10）。电子缴税回单如图 18、图 19 所示。

南宁市电子缴税回单

隶属关系——市属企业 电子缴税号 W4513165

注册类型：有限责任公司 填发日期：2019 年 12 月 11 日 征收机关：南宁市税务局

缴税单位	代码	450100147742165215	收款国库	南宁市国库
	全称	A 公司	国库账号	45100W4511527
	账号	××××××××××××××××	预算级次	中央 75%，地方 25%
	开户银行	中国工商银行南宁江南支行	国库开户银行	南宁国库

税款所属期	2019 年 11 月 01 日至 2019 年 11 月 30 日	税款收缴日期	20191215

预算科目	税种税目	计税金额、销售收入 或课税数量	税率或单位税额	已缴或扣除额	实缴税额
101010106	增值税				10 400.00
金额合计	人民币壹万零肆佰元整				¥10 400.00

申报方式	征收方式	打印次数	上列款项已核计入收款单位账户。 扣款日期——2019 年 12 月 11 日 银行盖章	备注
网络申报	一般申报	15		

图 18 南宁市电子缴税回单

南宁市电子缴税回单

隶属关系——市属企业　　　　　　　　　　　　　　　　　　电子缴税号 W4513165

注册类型：有限责任公司　　　　填发日期：2019 年 12 月 11 日　　征收机关：南宁市税务局

<table>
<tr><td rowspan="4">缴税单位</td><td>代码</td><td>450100147742165215</td><td>收款国库</td><td>南宁市国库</td></tr>
<tr><td>全称</td><td>A 公司</td><td>国库账号</td><td>45100W4511527</td></tr>
<tr><td>账号</td><td>××××××××××××××××××</td><td>预算级次</td><td>市级</td></tr>
<tr><td>开户银行</td><td>中国工商银行南宁江南支行</td><td>国库开户银行</td><td>地方国库</td></tr>
<tr><td>税款所属期</td><td colspan="2">2019 年 11 月 01 日至 2019 年 11 月 30 日</td><td>税款收缴日期</td><td>20191215</td></tr>
</table>

预算科目	税种税目	计税金额、销售收入或课税数量	税率或单位税额	已缴或扣除额	实缴税额
101090600	城市维护建设税	10 400.00	7%		728.00
103011100	教育费附加	10 400.00	3%		312.00
103012700	地方教育附加	10 400.00	2%		208.00
金额合计	人民币壹仟贰佰肆拾捌元整				￥1 248.00

申报方式	征收方式	打印次数	上列款项已核计入收款单位账户。扣款日期——2019 年 12 月 11 日　银行盖章	备注
网络申报	一般申报	0		

图 19　南宁市电子缴税回单

表 10　付款凭证

贷方科目：　　　　　　　　　　年　月　日　　　　　　　　凭证编号：

摘要	借方科目		金额 千百十万千百十元角分	记账符号
	总账科目	明细科目		
附件：　张		合计		

会计主管：　　　记账：　　　复核：　　　出纳：　　　制单：

（十二）出差报销业务

2019 年 12 月 14 日，A 公司职工张浩典报销差旅费，请根据原始凭证编制转账凭证（见表 11）。差旅费报销单、增值税普通发票如图 20、图 21 所示。

差旅费报销单

2019 年 12 月 14 日

所属部门	行政管理部		姓名	张浩典	出差天数	共 3 天			
出差事由	开会			借支费用	日期	2019 年 12 月 10 日	金额 ¥2 000.00		
					结算金额：¥1 272.00				
出发		到达		起止地点	交通费	住宿费	伙食费	其他	
月	日	月	日						
合　计									

总经理：王斌　　财务经理：林英　　部门经理：魏群　　会计：韦祎　　出纳：程丽　　报销人：张浩典

图 20　差旅费报销单

450037421　　　**广西增值税普通发票**　　　No 04152176

开票日期：2019 年 12 月 14 日

购货单位	名　　　称：A公司　　纳税人识别号：×××××××××××××　　地址、电话：××市××区××路×号×××××××××××　　开户行及账号：中国工商银行南宁江南支行×××××××××××××	密码区	略

货物或应税劳务名称	规格型号	单位	数量	单价	金额	税率	税额
住宿费		天	4	400.00	1 600.00	6%	96.00
合　计					1 600.00		96.00
价税合计（大写）	壹仟陆佰玖拾陆元整				（小写）¥1 696.00		

销货单位	名　　　称：E公司　　纳税人识别号：××××××××××　　地址、电话：××市××区××路×号×××××××××　　开户行及账号：中国工商银行柳州分行×××××××××××××	备注	

收款人：　　　　复核：　　　　开票人：林丽　　　　销货单位（章）：

第二联：发票联　购买方记账凭证

图 21　增值税普通发票

表11　转账凭证

年　　月　　日　　　　　　　　　　　　　　　　凭证编号：

摘要	总账科目	明细科目	借方金额										贷方金额										记账符号
			千	百	十	万	千	百	十	元	角	分	千	百	十	万	千	百	十	元	角	分	
附件：　　张		合计																					

会计主管：　　　　记账：　　　　　复核：　　　　　出纳：　　　　　制单：

（十三）收到职工借款余额业务

2019年12月14日，A公司职工张浩典报销差旅费之后归还借款余额，请根据原始凭证填写归还借款余额的凭证（见表12）。还款凭证如图22所示。

还款凭证

借款日期：2019年12月14日　　　　　　　　　　　　　　　　　　　　　第2号

借款原因：出差	借款人签章：张浩典
借款 大写金额：贰仟元整 　　￥：2 000.00	左列款项已于12月14日全部结清 报销数￥1 696.00 退还数￥304.00 补付数￥_____

图22　还款凭证

表12　收款凭证

借方科目：　　　　　　　　　　　　　年　　月　　日　　　　　　　　凭证编号：

摘要	贷方科目		金额										记账符号
	总账科目	明细科目	千	百	十	万	千	百	十	元	角	分	
附件：　　张		合计											

会计主管：　　　　记账：　　　　　复核：　　　　　出纳：　　　　　制单：

（十四）收到货款业务

2019年12月15日，A公司收到C公司前欠货款20 000元，请根据原始凭证编制收款凭证（见表13）。银行进账单如图23所示。

中国工商银行进账单（收账通知）

2019 年 12 月 15 日

出票人	全称	C公司	收款人	全称	A公司
	账号	××××××××××××××××		账号	××××××××××××××××
	开户行	中国工商银行桂林分行		开户行	中国工商银行南宁江南支行

人民币 （大写）	贰万元整		千	百	十	万	千	百	十	元	角	分
						¥	2	0	0	0	0	0	0

票据种类			转 讫 收款人开户行盖章

图 9-23　银行进账单（收账通知）

表 13　收款凭证

借方科目：　　　　　　　　　　　　年　月　日　　　　　　　　　　凭证编号：

摘要	贷方科目		金额										记账符号
	总账科目	明细科目	千	百	十	万	千	百	十	元	角	分	
附件：　　张		合计											

会计主管：　　　　记账：　　　　复核：　　　　出纳：　　　　制单：

（十五）提现业务

2019 年 12 月 15 日，A 公司出纳人员提取现金 88 000 元备发工资，请根据原始凭证编制付款凭证（见表 14）。现金支票存根如图 24 所示。

中国工商银行
现金支票存根
No 45001241
21621232

附加信息＿＿＿＿＿＿＿＿＿＿

出票日期 2019 年 12 月 15 日

收款人：A 公司

金额：¥88 000.00

用途：备发工资

单位主管　　　　会计

图 24　现金支票存根

表14 付款凭证

贷方科目：　　　　　　　　　　　　　　　年　月　日　　　　　　　　　　　　　　　凭证编号：

摘要	借方科目		金额										记账符号
	总账科目	明细科目	千	百	十	万	千	百	十	元	角	分	
附件：　　张	合计												

会计主管：　　　　记账：　　　　复核：　　　　出纳：　　　　制单：

（十六）发放工资业务

2019年12月15日，承（十五），A公司以本日提取的现金发放工资，请根据原始凭证编制付款凭证（见表15）。工资表如图25所示。

工资表

2019年12月15日　　　　　　　　　　　　　　　　　　　　　　　　　　　单位：元

序号	姓名	基本工资	浮动工资	应发工资	社保险（个人）	公积金（个人）	个人所得税	实发工资	签名
01	方志	3 200.00	500.00	3 700.00	370.00	222.00	0.00	3 108.00	方志
02	陈婉	2 800.00	500.00	3 300.00	330.00	198.00	0.00	2 772.00	陈婉
03	吴群	3 100.00	500.00	3 600.00	360.00	216.00	0.00	3 224.00	吴群
：	：	：	：	：	：	：	：	：	：
合计		90 000.00	15 000.00	105 000.00	10 500.00	6 300.00	200.00	88 000.00	

图25 工资表

表15 付款凭证

贷方科目：　　　　　　　　　　　　　　　年　月　日　　　　　　　　　　　　　　　凭证编号：

摘要	借方科目		金额										记账符号
	总账科目	明细科目	千	百	十	万	千	百	十	元	角	分	
附件：　　张	合计												

会计主管：　　　　记账：　　　　复核：　　　　出纳：　　　　制单：

（十七）购料业务

2019 年 12 月 17 日，A 公司购入原材料乙烯，请根据原始凭证编制付款凭证（见表 16）。收料单、增值税普通发票、银行业务回单如图 26 ～ 图 28 所示。

（十八）支付通信费业务

2019 年 12 月 18 日，A 公司以现金支付公司总经理手机费（明细列为通信费），请根据原始凭证编制付款凭证（见表 17）。报销单、增值税普通发票如图 29、图 30 所示。

收 料 单

2019 年 12 月 17 日　　　　　　　　　　　　　　编码：45010412

材料编号	材料名称	规格	材质	单位	数量		实际单价	材料金额	运杂费	合计（材料实际成本）
					应收	实收				
01	乙烯			千克	1 000	1 000				
供货单位	D 公司		结算方法		转账付款		合同号	HT06	计划单价	
备注										

主管：刘新颖　　　质量检验员：朱敏　　　仓库验收：蒋伟群　　　经办人：吴冰

图 26　收料单

450021382　　　　**广西增值税普通发票**　　　　No 04151462

开票日期：2019 年 12 月 17 日

购货单位	名　　　称：A公司 纳税人识别号：×××××××××××××× 地址、电话：××市××区××路×号×××××××××× 开户行及账号：中国工商银行江南支行××××××××××××××××	密码区	略
货物或应税劳务名称	规格型号	单位	数量	单价	金额	税率	税额
乙烯		千克	1 000	32.00	32 000.00	13%	4 160.00
合　计					32 000.00		4 160.00
价税合计（大写）	叁万陆仟壹佰陆拾元整				（小写）￥36 160.00		
销货单位	名　　　称：D公司 纳税人识别号：×××××××××××××× 地址、电话：××市××区××路×号×××××××××× 开户行及账号：中国工商银行南宁分行××××××××××××××××	备注	

收款人：　　　　复核：　　　　　开票人：赵六　　　　销货单位（章）：

图 27　增值税普通发票

第二联：发票联　购买方记账凭证

中国工商银行业务回单

2019 年 12 月 17 日　　　　　　　　　　　　凭证编号：07134572

出票人	全称	D 公司		收款人	全称	A 公司										
	账号	××××××××××××××××			账号	××××××××××××××										
	开户银行	中国工商银行南宁分行			开户银行	中国工商银行南宁江南支行										
金额	人民币 （大写）	叁万陆仟壹佰陆拾元整		亿	千	百	十	万	千	百	十	元	角	分		
						¥	3	6	1	6	0	0	0		
用途			开户银行签章													
备注	业务种类															
	原凭证种类															
	原凭证号码															
	原凭证金额		2019 年 12 月 17 日													

图 28　银行业务回单

表 16　付款凭证

贷方科目：　　　　　　　　　　　年　月　日　　　　　　　　　　　凭证编号：

摘要	借方科目		金额										记账符号
	总账科目	明细科目	千	百	十	万	千	百	十	元	角	分	
附件：　　张		合计											

会计主管：　　　　记账：　　　　复核：　　　　出纳：　　　　制单：

报销单

填报日期 2019 年 12 月 18 日　　　　　　　　　单据及附件共 1 张

姓名	王斌	所属部门	行政部	报销形式		现金
				支票号码		
报销项目		摘要		金额		
				327.00		备注
合计				¥327.00		
金额大写：叁佰贰拾柒元整				原借款：　　元		应退（补）款：¥327.00

总经理：王斌　　财务经理：林英　　部门经理：魏群　　会计：韦祎　　出纳：程丽　　报销人：王斌

图 29　报销单

450021376　　　　　　**广西增值税普通发票**　　　　No 04151452

开票日期：2019 年 12 月 18 日

<table>
<tr><td rowspan="4">购货单位</td><td colspan="7">名　　　称：A公司</td><td rowspan="4">密码区</td><td rowspan="4">略</td><td rowspan="8">第二联：发票联　购买方记账凭证</td></tr>
<tr><td colspan="7">纳税人识别号：×××××××××××××</td></tr>
<tr><td colspan="7">地址、电话：××市××区××路 ×号 ××××××××××</td></tr>
<tr><td colspan="7">开户行及账号：中国工商银行南宁江南支行×××××××××××××××</td></tr>
<tr><td>货物或应税劳务名称</td><td>规格型号</td><td>单位</td><td>数量</td><td>单价</td><td>金额</td><td>税率</td><td colspan="3">税额</td></tr>
<tr><td>电信基础服务</td><td></td><td></td><td></td><td></td><td>300.00</td><td>9%</td><td colspan="3">27.00</td></tr>
<tr><td>合　　计</td><td></td><td></td><td></td><td></td><td>300.00</td><td></td><td colspan="3">27.00</td></tr>
<tr><td colspan="6">价税合计（大写）　　叁佰贰拾柒元整</td><td colspan="4">（小写）¥327.00</td></tr>
<tr><td rowspan="4">销货单位</td><td colspan="7">名　　　称：E公司</td><td rowspan="4">备注</td><td rowspan="4"></td><td rowspan="4"></td></tr>
<tr><td colspan="7">纳税人识别号：×××××××××××</td></tr>
<tr><td colspan="7">地址、电话：××市××区××路 ×号 ××××××××××</td></tr>
<tr><td colspan="7">开户行及账号：中国工商银行柳州分行××××××××××××××××</td></tr>
</table>

收款人：　　　　　　复核：　　　　　　开票人：陈冬　　　　　　销货单位（章）：

图 30　增值税普通发票

表 17　付款凭证

贷方科目：　　　　　　　　　　　年　　月　　日　　　　　　　　凭证编号：

<table>
<tr><td rowspan="2">摘要</td><td colspan="2">借方科目</td><td colspan="9">金额</td><td rowspan="2">记账符号</td></tr>
<tr><td>总账科目</td><td>明细科目</td><td>千</td><td>百</td><td>十</td><td>万</td><td>千</td><td>百</td><td>十</td><td>元</td><td>角</td><td>分</td></tr>
<tr><td></td><td></td><td></td><td></td><td></td><td></td><td></td><td></td><td></td><td></td><td></td><td></td><td></td><td></td></tr>
<tr><td></td><td></td><td></td><td></td><td></td><td></td><td></td><td></td><td></td><td></td><td></td><td></td><td></td><td></td></tr>
<tr><td></td><td></td><td></td><td></td><td></td><td></td><td></td><td></td><td></td><td></td><td></td><td></td><td></td><td></td></tr>
<tr><td></td><td></td><td></td><td></td><td></td><td></td><td></td><td></td><td></td><td></td><td></td><td></td><td></td><td></td></tr>
<tr><td></td><td></td><td></td><td></td><td></td><td></td><td></td><td></td><td></td><td></td><td></td><td></td><td></td><td></td></tr>
<tr><td>附件：　　张</td><td colspan="2">合计</td><td></td><td></td><td></td><td></td><td></td><td></td><td></td><td></td><td></td><td></td><td></td></tr>
</table>

会计主管：　　　　记账：　　　　复核：　　　　出纳：　　　　制单：

（十九）购日常用品业务

2019 年 12 月 19 日，A 公司销售科购买汽油，请根据原始凭证编制付款凭证（见表18）。银行进账单、转账支票存根、增值税普通发票、报销单如图31～图34 所示。

中国工商银行进账单（回单）

2019 年 12 月 19 日

出票人	全称	A 公司		收款人	全称	E 公司										
	账号	××××××××××××××××			账号	××××××××××××××××										
	开户行	中国工商银行南宁江南支行			开户行	中国工商银行柳州分行										
金额	人民币（大写）	壹仟捌佰玖拾捌元肆角整			千	百	十	万	千	百	十	元	角	分
									¥ 1	8	9	8	4	0
票据种类	转账支票	票据张数	1											
票据号码		11352165											
	复核　　　记账				开户银行签章								

图 31　银行进账单

```
        中国工商银行
        转账支票存根
        No 45001627
            11352165
附加信息 _____

出票日期 2019 年 12 月 19 日
收款人：E 公司

金额：¥1 898. 40
用途：购买汽油
单位主管　　　　会计
```

图 32　转账支票存根

450014527　　　　广西增值税普通发票　　　　No 03214517

开票日期：2019 年 12 月 19 日

购货单位	名　称：A 公司 纳税人识别号：××××××××××× 地址、电话：××市××区××路 ×号 ×××××××× 开户行及账号：中国工商银行南宁江南支行××××××××××××					密码区	略	
货物或应税劳务名称	规格型号	单位	数量	单价	金额	税率	税额
汽油	95#	升	200	8. 40	1 680. 00	13%	218. 40
合　计					1 680. 00		218. 40
价税合计（大写）	壹仟捌佰玖拾捌元肆角整				（小写）¥1 898. 40		
销货单位	名　称：E 公司 纳税人识别号：×××××××××××× 地址、电话：××市××区××路 ×号 ×××××××× 开户行及账号：中国工商银行柳州分行××××××××××××				备注			

收款人：　　　　复核：　　　　开票人：吴敏　　　　销货单位（章）：

图 33　增值税普通发票

报销单

填报日期 2019 年 12 月 19 日　　　　　　　　　　单据及附件共 1 张

姓名	赖玉玺	所属部门	销售部	报销形式	现金
				支票号码	
报销项目		摘要		金额	备注
复印纸				1 898.40	
合计				¥1 898.40	
金额大写：壹仟捌佰玖拾捌元肆角整				原借款：　元	应退（补）款：¥1 898.40

总经理：王斌 财务经理：林英 部门经理：李亮 会计：李四 出纳：程丽 报销人：张三

图 34　报销单

表 18　付款凭证

贷方科目：　　　　　　　　　　　　年　月　日　　　　　　　　　　凭证编号：

摘要	借方科目		金额										记账符号
	总账科目	明细科目	千	百	十	万	千	百	十	元	角	分	
附件：　张	合计												

会计主管：　　　　记账：　　　　复核：　　　　出纳：　　　　制单：

（二十）销售业务

2019 年 12 月 19 日，A 公司向 C 公司销售甘油丙烯醚产品，请根据原始凭证编制收款凭证（见表 19）。银行业务回单、增值税专用发票、销售单如图 35 ~ 图 37 所示。

中国工商银行业务回单

2019 年 12 月 19 日　　　　　　　　　　　　　　凭证编号：07134574

出票人	全称	C 公司	收款人	全称	A 公司											
	账号	××××××××××××××		账号	××××××××××××××										
	开户银行	中国工商银行南宁友爱支行		开户银行	中国工商银行南宁江南支行										
金额	人民币（大写）	柒万玖仟壹佰元整		亿	千	百	十	万	千	百	十	元	角	分	
						¥	7	9	1	0	0	0	0	
用途			开户银行签章												
备注	业务种类														
	原凭证种类														
	原凭证号码														
	原凭证金额			2019 年 12 月 19 日											

图 35　银行业务回单

450022453 　　　　**广西增值税普通发票** 　　　No 05217429

开票日期：2019 年 12 月 19 日

购货单位	名　　　称：C公司							密码区	略	
	纳税人识别号：××××××××××××××									
	地址、电话：××市 ××区×路 ×号 07728865572									
	开户行及账号：中国工商银行南宁友爱支行××××××××××××××									
货物或应税劳务名称	规格型号	单位	数量	单价	金额		税率		税额	
甘油丙烯醚		千克	700	100.00	70 000.00		13%		9 100.00	
合　　计					70 000.00				9 100.00	
价税合计（大写）	柒万玖仟壹佰元整				（小写）¥79 100.00					
销货单位	名　　　称：A公司							备注		
	纳税人识别号：××××××××××××××									
	地址、电话：××市 ××区×路 ×号 ××××××××××									
	开户行及账号：中国工商银行南宁江南支行××××××××××××××									

收款人： 　　　复核： 　　　开票人：王珊 　　　销货单位（章）：

图36　增值税普通发票

销　售　单

购货单位：C公司 　　　　　　　地址、电话：×× 市 ×× 区 ×× 路 × 号 07728865572
单据编号：S02131678 　　　　　制单日期：2019 年 12 月 19 日
纳税人识别号：×××××××××××××× 　开户行及账号：中国工商银行南宁友爱支行××××××××××××××

编码	产品名称	规格	单位	单价	数量	金额	备注
01	甘油丙烯醚		千克	100.00	700	70 000.00	不含税价
合计	人民币（大写）：柒万元整					¥70 000.00	

总经理：王斌 　　销售经理：段毅 　　经手人：赵淼 　　会计：韦祎 　　签收人：王五

图37　销售单

表 19 收款凭证

借方科目：　　　　　　　　　　　　　　　　年　月　日　　　　　　　　　　　凭证编号：

摘要	贷方科目		金额										记账符号
	总账科目	明细科目	千	百	十	万	千	百	十	元	角	分	
附件：　　张	合计												

会计主管：　　　　记账：　　　　复核：　　　　出纳：　　　　制单：

（二十一）归还短期借款业务

2019 年 12 月 20 日，A 公司归还短期借款本息，请根据原始凭证编制付款凭证（见表 9－20）。银行进账单、转账支票存根、计付存款利息清单如图 9－38～图 9－40 所示。

中国工商银行进账单（回单）

2019 年 12 月 20 日

出票人	全称	A 公司		收款人	全称	中国工商银行南宁分行								
	账号	××××××××××××××××××××			账号	4501000100125001214								
	开户行	中国工商银行南宁江南支行			开户行	中国工商银行南宁分行								
金额	人民币（大写）	肆万陆仟伍佰柒拾伍元整			千	百	十	万	千	百	十	元	角	分
								¥ 4	6	5	7	5	0	0
票据种类	转账支票	票据张数	1											
票据号码		11352166												
		复核　　　记账			开户银行签章									

图 38 银行进账单

```
          中国工商银行
         转账支票存根
         No 45001627
              11352166
附加信息_____

出票日期 2019 年 12 月 20 日
收款人：中国工商银行南宁分行
_____

金额：￥46 575.00
用途：归还短期借款
单位主管          会计
```

图 39　转账支票存根

中国工商银行计付存款利息清单

日期：2019 年 12 月 20 日

单位名称：A 公司						
清算账号：45010400726				存款账号：××××××××××××××××××		
编号	计息类型	计息起讫日期		计息积数	利率	利息金额
004503	普通积数	2019 - 09 - 21—2019 - 12 - 20		46 000.00	5%	575.00
金额合计：人民币（大写）伍佰柒拾伍元整				金额合计：￥575.00		
摘要：						

打印时间：2019 - 12 - 20

图 40　计付存款利息清单

表 20　付款凭证

贷方科目：　　　　　　　　　　　　　　年　　月　　日　　　　　　　　　　凭证编号：

摘要	借方科目		金额										记账符号
	总账科目	明细科目	千	百	十	万	千	百	十	元	角	分	
附件：　　张	合计												

会计主管：　　　　　记账：　　　　　复核：　　　　　出纳：　　　　　制单：

（二十二）销售业务

2019年12月21日，A公司向C公司销售产品，款项尚未收到，请根据原始凭证编制转账凭证（见表21）。增值税普通发票、销售单如图41、图42所示。

450022454　　　　**广西增值税普通发票**　　　　No 05217430

开票日期：2019 年 12 月 21 日

购货单位	名　　称：C公司 纳税人识别号：××××××××××××× 地址、电话：××市××区××路×号 07728865572 开户行及账号：中国工商银行南宁友爱分行××××××××××××	密码区	略

货物或应税劳务名称	规格型号	单位	数量	单价	金额	税率	税额
二丙烯基醚		千克	380	200.00	76 000.00	13%	9 880.00
合　计					76 000.00		9 880.00

价税合计（大写）	捌万伍仟捌佰捌拾元整	（小写）¥85 880.00

销货单位	名　　称：A公司 纳税人识别号：××××××××××××× 地址、电话：××市××区××路×号 ×××××××××× 开户行及账号：中国工商银行南宁江南支行××××××××××××	备注

收款人：　　　　复核：　　　　开票人：王珊　　　　销货单位（章）：

第二联：发票联　购买方记账凭证

图41　增值税普通发票

销售单

购货单位：C公司　　　　　　　地址、电话：××市××区××路×号 ××××××××××

单据编号：S02131679　　　　　制单日期：2019 年 11 月 21 日

纳税人识别号：×××××××××××××　开户行及账号：中国工商银行南宁友爱支行××××××××××××

编码	产品名称	规格	单位	单价	数量	金额	备注
02	二丙烯基醚		千克	200.00	380	76 000.00	不含税价
合计	人民币（大写）：柒万陆仟元整					¥76 000.00	

总经理：王斌　　销售经理：段毅　　经手人：赵森　　会计：韦祎　　签收人：王五

图42　销售单

表 21 转账凭证

年 月 日 　　　　　　　　　　　凭证编号：

摘要	总账科目	明细科目	借方金额									贷方金额									记账符号
			千	百	十	万	千	百	十	元	角	分	千	百	十	万	千	百	十	元	角	分	
附件： 张		合计																					

会计主管： 　　　　记账： 　　　　复核： 　　　　出纳： 　　　　制单：

（二十三）固定资产捐赠业务

2019 年 12 月 22 日，A 公司接受捐赠固定资产，请根据原始凭证作出会计处理，编制转账凭证（见表 22）。增值税普通发票、固定资产验收单如图 43、图 44 所示。

450021376 　　　**广西增值税普通发票** 　　　No 04151452

开票日期：2019 年 12 月 22 日

购货单位	名　　称：A公司 纳税人识别号：××××××××××××× 地址、电话：××市××区××路 ×号 ×××××××××× 开户行及账号：中国工商银行南宁江南分行××××××××××××××××	密码区	略

货物或应税劳务名称	规格型号	单位	数量	单价	金额	税率	税额
机床		台	1	20 000.00	20 000.00	13%	2 600.00
合　计					20 000.00		2 600.00

价税合计（大写）	贰万贰仟陆佰元整	（小写）¥22 600.00

销货单位	名　　称：C公司 纳税人识别号：××××××××××× 地址、电话：××市××区×× 路×号 ×××××××××× 开户行及账号：中国工商银行南宁友爱支行××××××××××××××××	备注	

收款人： 　　　　复核： 　　　　开票人：吴明山 　　　　销货单位（章）：

第二联：发票联 购买方记账凭证

图 43 增值税普通发票

固定资产验收单

2019 年 12 月 04 日　　　　　　　　　　　　　　　　　　　　　编号：

名称	规格型号	来源	数量	购（造价）	使用年限	预计残值
机床		接受捐赠	1	20 000.00	5	0
安装费	月折旧率	建造单位		交工日期		附件
0	1.67%	C 公司		2019 年 12 月 22 日		
验收部门	张月新	验收人员	王艳	管理部门	韦翰	管理人员	吴军
备注						

审核：　　　　　　　　　　　　　　　　　　　　　　制单：陈群

图 44　固定资产验收单

表 22　转账凭证

年　　月　　日　　　　　　　　　　　　　　　　凭证编号：

摘要	总账科目	明细科目	借方金额										贷方金额										记账符号
			千	百	十	万	千	百	十	元	角	分	千	百	十	万	千	百	十	元	角	分	
附件：　张		合计																					

会计主管：　　　　记账：　　　　复核：　　　　出纳：　　　　制单：

（二十四）支付广告费业务

2019 年 12 月 23 日，A 公司向 E 公司支付广告费，请根据原始凭证编制付款凭证（见表 23）。银行进账单、转账支票存根、增值税普通发票如图 45 ~ 图 47 所示。

中国工商银行进账单（回单）

2019 年 12 月 23 日

出票人	全称	A 公司		收款人	全称	E 公司									
	账号	××××××××××××××××××			账号	××××××××××××××××××									
	开户行	中国工商银行南宁江南支行			开户行	中国工商银行柳州分行									
金额	人民币（大写）	伍仟叁佰元整				千	百	十	万	千	百	十	元	角	分
									¥	5	3	0	0	0	0
票据种类	转账支票	票据张数	1												
票据号码		11352167													
	复核　　　　记账				开户银行签章										

图 45　银行进账单

中国工商银行

转账支票存根

No 45001627

11352167

附加信息 ＿＿＿＿＿＿＿＿＿＿＿＿

＿＿＿＿＿＿＿＿＿＿＿＿＿

出票日期 2019 年 12 月 23 日

收款人：E 公司

＿＿＿＿＿＿＿＿＿＿＿＿＿

金额：￥5 300.00

用途：支付广告费

单位主管　　　　　　会计

图 46　转账支票存根

450015673　　**广西增值税普通发票**　　No 02148526

开票日期：2019 年 12 月 23 日

购货单位	名　　　　称：A公司 纳税人识别号：××××××××××××× 地址、电话：××市××区××路×号××××××××× 开户行及账号：中国工商银行南宁江南分行×××××××××××××××	密码区	略

货物或应税劳务名称	规格型号	单位	数量	单价	金额	税率	税额
广告费					5 000.00	6%	300.00
合　　计					5 000.00		300.00

价税合计（大写）	伍仟叁佰元整	（小写）￥5 300.00

销货单位	名　　　　称：E公司 纳税人识别号：××××××××××××× 地址、电话：××市××区××路×号××××××××× 开户行及账号：中国工商银行柳州分行×××××××××××××××	备注	

收款人：　　　　　复核：　　　　　开票人：张雯　　　　　销货单位（章）：

第二联：发票联　购买方记账凭证

图 47　增值税普通发票

表 23 付款凭证

贷方科目： 　　　　　　　　　　年　月　日　　　　　　　　　　凭证编号：

摘要	借方科目		金额											记账符号
	总账科目	明细科目	千	百	十	万	千	百	十	元	角	分		
附件：　张	合计													

会计主管：　　　　记账：　　　　复核：　　　　出纳：　　　　制单：

（二十五）销售业务

2019 年 12 月 28 日，A 公司向 C 公司销售二丙烯基醚，请根据原始凭证编制收款凭证（见表 24）。银行业务回单、增值税普通发票、销售单如图 48～图 50 所示。

中国工商银行业务回单

2019 年 12 月 28 日　　　　　　　　　　凭证编号：07134562

出票人	全称	C 公司			收款人	全称	A 公司								
	账号	××××××××××××××××				账号	××××××××××××××								
	开户银行	中国工商银行南宁友爱支行				开户银行	中国工商银行南宁江南支行								
金额	人民币（大写）	柒万贰仟叁佰贰拾元整			亿	千	百	十	万	千	百	十	元	角	分
								¥ 7	2	3	2	0	0	0
用途					开户银行签章									
备注	业务种类														
	原凭证种类														
	原凭证号码				2019 年 12 月 28 日										
	原凭证金额														

图 48 银行业务回单

450022454 <u>广西增值税普通发票</u> No 05217430

第二联：发票联 购买方记账凭证

开票日期：2019 年 12 月 28 日

购货单位	名　　　称：C公司 纳税人识别号：××××××××××××× 地址、电话：××市××区××路×号 07728865572 开户行及账号：中国工商银行南宁友爱支行×××××××××××××××					密码区		略	
货物或应税劳务名称	规格型号	单位	数量	单价	金额	税率	税额
二丙烯基醚		千克	320	200.00	64 000.00	13%	8 320.00
合　　　计					64 000.00		8 320.00
价税合计（大写）	柒万贰仟叁佰贰拾元整				（小写）￥72 320.00		
销货单位	名　　　称：A公司 纳税人识别号：××××××××××××× 地址、电话：××市××区××路×号 ×××××××××× 开户行及账号：中国工商银行南宁江南支行××××××××××××					备注		

收款人：　　　　　复核：　　　　　开票人：王珊　　　　　销货单位（章）：

图49　增值税普通发票

销　售　单

购货单位：C公司　　　　　　　　　　地址、电话：××市××区××路×号××××××××××

单据编号：S02131680　　　　　　　　制单日期：2019 年 11 月 28 日

纳税人识别号：×××××××××××××　开户行及账号：中国工商银行南宁友爱支行×××××××××××××××

编码	产品名称	规格	单位	单价	数量	金额	备注
03	二丙烯基醚		千克	200.00	320	64 000.00	不含税价
合计	人民币（大写）：陆万肆仟元整					￥64 000.00	

总经理：王斌　　　销售经理：段毅　　　经手人：赵淼　　　会计：韦祎　　　签收人：王五

图50　销售单

表 24　收款凭证

借方科目：　　　　　　　　　　　　　　　　　年　月　日　　　　　　　　　　　　　　凭证编号：

摘要	贷方科目		金额										记账符号
	总账科目	明细科目	千	百	十	万	千	百	十	元	角	分	
附件：　张	合计												

会计主管：　　　　记账：　　　　复核：　　　　出纳：　　　　制单：

（二十六）材料盘点业务

2019 年 12 月 29 日，上月发生的原材料盘亏经审批确认由过失人陈敏昊赔偿，请根据原始凭证编制转账凭证（见表 25）。审批文件如图 51 所示。

> **关于陈敏昊赔偿损失及责任人确认的通知**
>
> 　　由于陈敏昊工作失职造成 2019 年 11 月公司丙酮损失 20 千克，价值人民币壹仟壹佰叁拾元整（￥1 130.00），经研究确定由陈敏昊个人赔偿。
>
> 　　　　　　　　　　　　　　　　　　　　　　　批准人：王斌
> 　　　　　　　　　　　　　　　　　　　　　　　2019 年 12 月 29 日

图 51　审批文件

表 25　转账凭证

年　月　日　　　　　　　　　　　　　　凭证编号：

摘要	总账科目	明细科目	借方金额										贷方金额										记账符号
			千	百	十	万	千	百	十	元	角	分	千	百	十	万	千	百	十	元	角	分	
附件：　张	合计																						

会计主管：　　　　记账：　　　　复核：　　　　出纳：　　　　制单：

（二十七）收到商业承兑汇票业务

2019 年 12 月 30 日，承（22），收到 D 公司商业承兑汇票抵付前欠货款，请根据原始凭证编制转账凭证（见表 26）。商业承兑汇票复印件如图 52 所示。

商业承兑汇票

出票日期（大写）贰零壹玖年壹拾贰月零叁拾日

出票人	全称	D 公司		收款人	全称		A 公司							
	账号	×××××××××××××××			账号		××××××××××××××							
	开户银行	中国工商银行南宁分行			开户银行		中国工商银行南宁江南支行							
金额	人民币（大写）	叁万叁仟玖佰元整		亿	千	百	十	万	千	百	十	元	角	分
							¥	3	3	9	0	0	0	0
汇票到期日（大写）		贰零贰零年零壹月零叁拾日		付款行			行号	4501041001268						
承兑协议编号		4501041					地址	南宁市亭洪路 318 号						
本汇票请你行承兑，到期无条件付款。				本汇票已经承兑，到期日由本行付款。										
承兑行签章 承兑日期 2019 年 12 月 30 日				出票人签章										

图 52　商业承兑汇票

表 26　转账凭证

年　　月　　日　　　　　　　　　　　凭证编号：

摘要	总账科目	明细科目	借方金额										贷方金额										记账符号
			千	百	十	万	千	百	十	元	角	分	千	百	十	万	千	百	十	元	角	分	
附件：　　张	合计																						

会计主管：　　　　记账：　　　　复核：　　　　出纳：　　　　制单：

（二十八）存现业务

2019 年 12 月 30 日，A 公司将现金送存银行，请根据原始凭证编制付款凭证（见表 27）。现金解款单（回单）如图 53 所示。

中国工商银行现金解款单（回单）

2019 年 12 月 30 日

收款单位	全称	A 公司		款项来源		多余款项		
	账号	××××××××××××××××××		解款部门		财务部门		

人民币（大写）叁佰壹拾陆元伍角整				百	十	千	百	十	元	角	分
						¥	3	1	6	5	0

券别	张数	金额	券别	张数	金额	
百元			二元			
五十元			一元			
十元			角			（收款银行盖章）
五元			分			
银行打印：						

图 53　现金解款单

表 27　付款凭证

贷方科目：　　　　　　　　　　　年　月　日　　　　　　　　　　　凭证编号：

摘要	借方科目		金额									记账符号
	总账科目	明细科目	千	百	十	万	千	百	十	元	角	分	
附件：　　张		合计										

会计主管：　　　　　记账：　　　　　复核：　　　　　出纳：　　　　　制单：

（二十九）收到存款利息业务

2019 年 12 月 31 日，A 公司收到银行存款利息回单，请根据原始凭证编制收款凭证（提示：利息收入不做借方红字处理，直接计入贷方）（见表 28）。计付存款利息清单如图 54 所示。

中国工商银行计付存款利息清单

日期：2019 年 12 月 31 日

单位名称：A 公司						
清算账号：45010400726				存款账号：××××××××××××××××××		
编号	计息类型	计息起讫日期		计息积数	利率	利息金额
004504	普通积数	2019 - 09 - 21—2019 - 12 - 20		163 216 468.00	0.35%	1 565.83
金额合计：人民币（大写）壹仟伍佰陆拾伍元捌角叁分				金额合计：¥1 565.83		
摘要：						

打印时间：2019 - 12 - 31

图 54　计付存款利息清单

表 28　收款凭证

借方科目：　　　　　　　　　　　　年　　月　　日　　　　　　　　　　凭证编号：

摘要	贷方科目		金额										记账符号
	总账科目	明细科目	千	百	十	万	千	百	十	元	角	分	
附件：　　张	合计												

会计主管：　　　　记账：　　　　复核：　　　　　出纳：　　　　　制单：

（三十）计提折旧业务

2019 年 12 月 31 日，A 公司计提折旧费，请根据原始凭证编制转账凭证（该公司采用直线法计提折旧）（见表 29）。固定资产折旧费计提表如图 55 所示。

固定资产折旧费计提表
2019 年 12 月 31 日　　　　　　　　　　　　　　单位：元

使用部门	固定资产类别					金额
	建筑物	办公设备	机器设备	其他设备	运输设备	
管理部门		2 000.00				2 000.00
生产车间			60 000.00			60 000.00
合计		2 000.00	60 000.00			￥62 000.00

审核：林英　　　　　　　　　　　　　　　　制单：陆苗

图 55　固定资产折旧费计提表

表 29　转账凭证

年　　月　　日　　　　　　　　　　凭证编号：

摘要	总账科目	明细科目	借方金额										贷方金额										记账符号
			千	百	十	万	千	百	十	元	角	分	千	百	十	万	千	百	十	元	角	分	
附件：　　张	合计																						

会计主管：　　　　记账：　　　　复核：　　　　　出纳：　　　　　制单：

（三十一）计提工资费用业务

2019 年 12 月 31 日，A 公司分配本月工资，请根据原始凭证编制转账凭证（提示：生产成本二级科目按"基本生产成本、辅助生产成本"设，三级科目按产品名称设）（见表 30）。职工工资分配表如图 56 所示。

职工工资分配表

编制单位：　　　　　　　　　　2019 年 12 月 31 日　　　　　　　　　　单位：元

部门	分配对象	分配工时	分配率	分配金额
生产车间	二丙烯基醚	2 600		52 000
生产车间	甘油丙烯醚	1 400		28 000
小计		4 000	20	80 000
车间管理部门				7 500
厂部管理部门				16 000
销售部门				1 500
合　计				105 000

图 56　职工工资分配表

表 30　转账凭证

年　　月　　日　　　　　　　　　　　　　　凭证编号：

摘要	总账科目	明细科目	借方金额										贷方金额										记账符号
			千	百	十	万	千	百	十	元	角	分	千	百	十	万	千	百	十	元	角	分	
附件：　张		合计																					

会计主管：　　　　记账：　　　　复核：　　　　出纳：　　　　制单：

（三十二）转出未交增值税

2019 年 12 月 31 日，转出未交增值税，请根据相关资料编制转账凭证（见表 31）。转出未交增值税计算表如图 57 所示。

转出未交增值税计算表

2019 年 12 月 31 日　　　　　　　　　　单位：元

项目	进项税额	销项税额	本月未交增值税额
金额	14 015.80	27 300.00	15 624.20
合计	14 015.80	27 300.00	15 624.20

制表：陆苗　　　　　　　　　　　　　　　复核：林英

图 57　转出未交增值税计算表

表 31 转账凭证

年 月 日   凭证编号：

摘要	总账科目	明细科目	借方金额										贷方金额										记账符号
			千	百	十	万	千	百	十	元	角	分	千	百	十	万	千	百	十	元	角	分	
附件： 张		合计																						

会计主管：　　　　记账：　　　　复核：　　　　出纳：　　　　制单：

（三十三）生产领料业务

2019 年 12 月 31 日，A 公司财务部门根据相关资料编制分配材料的记账凭证（提示：生产成本二级科目按"基本生产成本、辅助生产成本"设，三级科目按产品名称设）（见表 32）。领料单、材料领用成本计算单、原材料分配表如图 58 ~ 图 62 所示。

领料单

领料单位：第一车间　　　　　　　　　　　　　　　　　　　　编号：04

用途：生产二丙烯基醚　　　　　　2019 年 12 月 01 日　　　　发料仓库：二仓库

材料编号	材料类别	名称	规格	计量单位	数量		金额	
					请领	实发	单价	金额
01		丙酮		千克	2 200	2 200		
02		乙烯		千克	1 800	1 800		
	备注：			合计				

主管：赵六　　记账：张三　　领料单位负责人：刘明　　领料人：王俊　　发料人：李四

图 58 领料单

领料单

领料单位：第二车间　　　　　　　　　　　　　　　　　　　　编号：05

用途：生产甘油丙烯醚　　　　　　2019 年 12 月 01 日　　　　发料仓库：二仓库

材料编号	材料类别	名称	规格	计量单位	数量		金额	
					请领	实发	单价	金额
01		丙酮		千克	2 400	2 400		
	备注：			合计	2 400	2 400		

主管：赵六　　记账：张三　　领料单位负责人：刘明　　领料人：王俊　　发料人：李四

图 59 领料单

领料单

领料单位：第一车间 编号：06

用途：生产二丙烯基醚 2019 年 12 月 17 日 发料仓库：二仓库

材料编号	材料类别	名称	规格	计量单位	数量		金额	
					请领	实发	单价	金额
02		乙烯		千克	1 800	1 800		
备注：				合计	1 800	1 800		
主管：赵六	记账：张三	领料单位负责人：刘明			领料人：王俊		发料人：李四	

图 60 领料单

材料领用成本计算单

制表：A 公司 2019 年 12 月 31 日 单位：元

材料名称	期初结存数量	本期购入数量	本期生产领用数量	期末结存数量	单位成本（加权）	本期生产领用金额	期末结存金额
丙酮	5 200	480	4 600	1 080	56.00	257 600.00	60 480.00
乙烯	3 800	1 000	3 600	1 200	32.00	115 200.00	38 400.00
合计						372 800.00	98 880.00

审核：林英 制单人：陆苗

图 61 材料领用成本计算单

原材料分配表

2019 年 12 月 31 日

产　品	丙酮		乙烯	
	数量（千克）	金额（元）	数量（千克）	金额（元）
二丙烯基醚	2 200	123 200	3 600	115 200.00
甘油丙烯醚	2 400	134 400		
合　计	4 600	257 600.00	3 600	115 200.00

图 62 原材料分配表

表 32 转账凭证

　　年　　月　　日 凭证编号：

摘要	总账科目	明细科目	借方金额										贷方金额										记账符号
			千	百	十	万	千	百	十	元	角	分	千	百	十	万	千	百	十	元	角	分	
附件：　张		合计																					

会计主管： 记账： 复核： 出纳： 制单：

（三十四）制造费用分配业务

2019 年 12 月 31 日，A 公司财务部门根据相关资料编制分配制造费用的记账凭证（提示：生产成本二级科目按"基本生产成本、辅助生产成本"设，三级科目按产品名称设）（见表 33）。制造费用分配表、制造费用明细表如图 63、图 64 所示。

制造费用分配表

车间：　　　　　　　　　　　　　　　2019 年 12 月 31 日　　　　　　　　　　　　　单位：元

分配对象 （产品名称）	分配标准 （生产工时等）	分配率	分配金额
二丙烯基醚	2 600		32 500.00
甘油丙烯醚	2 800		35 000.00
合计	5 400	12.50	67 500.00

会计主管：林英　　　　　　审核：张悦　　　　　　制表：陆苗

图 63　制造费用分配表

制造费用明细表

2019 年 12 月 31 日　　　　　　　　　　　　　　　　　　　　　　　　单位：元

费用项目	金　　额
折旧费	60 000.00
工　资	7 500.00
合　计	67 500.00

图 64　制造费用明细表

表 9 – 33　转账凭证

年　　　月　　　日　　　　　　　　　　　　　　凭证编号：

摘要	总账科目	明细科目	借方金额										贷方金额										记账符号
			千	百	十	万	千	百	十	元	角	分	千	百	十	万	千	百	十	元	角	分	
附件：　　张	合计																						

会计主管：　　　　记账：　　　　复核：　　　　出纳：　　　　制单：

（三十五）完工产品结转业务

2019 年 12 月 31 日，A 公司本月产品部分完工验收入库，结转完工入库产品成本。请根据原始凭证编制转账凭证（见表 34）。入库单、产品成本计算表如图 65 ~ 图 67 所示。

入库单

2019 年 12 月 31 日

单号：

交来单位及部门	A 公司		发票号码或生产单号码			验收仓库	第三仓库	入库日期	2019. 12. 31
编号	名称及规格	单位	数 量		实际价格		计划价格		价格差异
			交库	实收	单价	金额	数量	金额	
01	二丙烯基醚	千克	2 800	2 800					
02	甘油丙烯醚	千克	1 500	1 500					
	合计								

部门经理：刘辉　　　　　会计：张三　　　　　仓库：李四　　　　　经办人：张俊

图 65　入库单

产品成本计算表

产品：二丙烯基醚　　　　　　2019 年 12 月 31 日　　　　　　单位：元

基本生产成本明细项目	月初在产品成本	本月发生费用	生产费用合计	期末在产品数量	完工产品产量	完工产品总成本	单位成本	期末在产品成本
直接材料	24 000	238 400	262 400	400	2 800	229 600	82	32 800
直接人工	12 000	52 000	64 000	400	2 800	56 000	20	8 000
制造费用	5 900	32 500	38 400	400	2 800	33 600	12	4 800
金额合计	41 900	322 900	364 800			319 200	114	45 600

审核：林英　　　　　　　　　　　　　制单：陆苗

图 66　产品成本计算表

产品成本计算表

产品：甘油丙烯醚　　　　　　2019 年 12 月 31 日　　　　　　单位：元

基本生产成本明细项目	月初在产品成本	本月发生费用	生产费用合计	期末在产品数量	完工产品产量	完工产品总成本	单位成本	期末在产品成本
直接材料	9 100	134 400	143 500	2 600	1 500	52 500	35	91 000
直接人工	4 800	28 000	32 800	2 600	1 500	12 000	8	20 800
制造费用	6 000	35 000	41 000	2 600	1 500	15 000	10	26 000
金额合计	19 900	197 400	217 300			79 500	53	137 800

审核：林英　　　　　　　　　　　　　制单：陆苗

图 67　产品成本计算表

表34 转账凭证

年 月 日

凭证编号：

摘要	总账科目	明细科目	借方金额										贷方金额										记账符号
			千	百	十	万	千	百	十	元	角	分	千	百	十	万	千	百	十	元	角	分	
附件： 张		合计																					

会计主管： 记账： 复核： 出纳： 制单：

（三十六）结转销售成本业务

2019年12月31日，A公司结转已销售产品成本。请根据原始凭证编制转账凭证（见表35）。出库单、销售成本计算表如图68～图71所示。

出库单

出货单位：A公司　　　　　　　　2019年12月19日　　　　　　　　　单号：01

提货单位或领货部门		销售单号	S02131678	发出仓库	第一仓库	出库日期	2019.12.19
编号	名称及规格		单位	数量		单价	金额
				应发	实发		
02	甘油丙烯醚		千克	700	700		
合　计							

部门经理：段毅　　　会计：韦祎　　　仓库：王五　　　经办人：赵淼

图68 出库单

出库单

出货单位：A公司　　　　　　　　2019年12月21日　　　　　　　　　单号：02

提货单位或领货部门		销售单号	S02131679	发出仓库	第二仓库	出库日期	2019.12.21
编号	名称及规格		单位	数量		单价	金额
				应发	实发		
01	二丙烯基醚		千克	380	380		
合　计							

部门经理：段毅　　　会计：韦祎　　　仓库：王五　　　经办人：赵淼

图69 出库单

出库单

出货单位：A公司　　　　　　　　　2019 年 12 月 28 日　　　　　　　　单号：03

提货单位或领货部门		销售单号	S02131680	发出仓库	第二仓库	出库日期	2019. 12. 28
编号	名称及规格		单位	数量		单价	金额
				应发	实发		
01	二丙烯基醚		千克	320	320		
合　计							

部门经理：段毅　　　会计：韦祎　　　仓库：王五　　　　经办人：赵淼

图 70　出库单

销售成本计算表

制表：　　　　　　　　　　　　　2019 年 12 月 31 日　　　　　　　　单位：元

产品	期初结存数量	本期完工产品	本期销售数量	期末结存数量	期初结存成本	完工产品成本	单位成本	本期销售成本	期末结存成本
二丙烯基醚	70	2 800	700	2 170	7 980	319 200	114	79 800	247 380
甘油丙烯醚	120	1 500	700	920	6 360	79 500	53	37 100	48 760
合　计					14 340	398 700		116 900	296 140

审核：林英　　　　　　　　　　　　　　　　　制单：陆苗

图 71　销售成本计算表

表 35　转账凭证

年　　月　　日　　　　　　　　　　　凭证编号：

摘要	总账科目	明细科目	借方金额										贷方金额										记账符号
			千	百	十	万	千	百	十	元	角	分	千	百	十	万	千	百	十	元	角	分	
附件：　张	合　计																							

会计主管：　　　记账：　　　复核：　　　出纳：　　　制单：

（三十七）计提税金及附加业务

2019 年 12 月 31 日，A 公司财务部门计算本月应负担的税金及附加，按明细进行计提。请根据原始凭证编制转账凭证（见表 36）。城建税等计提表如图 72 所示。

城建税等计提表

2019 年 12 月 31 日

单位：元

税　种	计税依据	计税金额	税率	应纳税额
城建税	增值税	15 624.20	7%	1 093.69
教育费附加	增值税	15 624.20	3%	468.73
地方教育附加	增值税	15 624.20	2%	312.48

图 72　城建税等计提表

表 36　转账凭证

年　　月　　日

凭证编号：

摘要	总账科目	明细科目	借方金额										贷方金额										记账符号
			千	百	十	万	千	百	十	元	角	分	千	百	十	万	千	百	十	元	角	分	
附件：　张	合计																						

会计主管：　　　　记账：　　　　复核：　　　　出纳：　　　　制单：

（三十八）结转收入类账户

2019 年 12 月 31 日，根据上述相关分录编制汇总结转本期损益类（收入利得）账户（见表 37）到本年利润账户的转账凭证（见表 38）。

表 37　损益类账户发生额

单位：元

账户名称	月份发生额
主营业务收入	
其他业务收入	
营业外收入	
主营业务成本	
销售费用	
税金及附加	
其他业务成本	
管理费用	
财务费用	
营业外支出	
所得税费用	

续表

账户名称	月份发生额
资产减值损失	
公允价值变动损益	
投资收益	

表38　转账凭证
年　　月　　日
凭证编号：

摘要	总账科目	明细科目	借方金额										贷方金额										记账符号
			千	百	十	万	千	百	十	元	角	分	千	百	十	万	千	百	十	元	角	分	
附件：　　张		合计																					

会计主管：　　　　记账：　　　　复核：　　　　出纳：　　　　制单：

（三十九）结转费用类账户

2019年12月31日，根据相关分录编制汇总结转费用类账户到本年利润账户的转账凭证（财务费用汇总结转且该科目余额若在贷方不作红字处理，结转时计该科目借方）（见表39、表40）。

表39　损益类账户发生额
单位：元

账户名称	月份发生额
主营业务收入	
其他业务收入	
营业外收入	
主营业务成本	
销售费用	
税金及附加	
其他业务成本	
管理费用	
财务费用	
营业外支出	
所得税费用	

续表

账户名称	月份发生额
资产减值损失	
公允价值变动损益	
投资收益	

表 40 转账凭证

年 月 日 凭证编号：

摘要	总账科目	明细科目	借方金额										贷方金额										记账符号
			千	百	十	万	千	百	十	元	角	分	千	百	十	万	千	百	十	元	角	分	
附件： 张	合计																						

会计主管： 记账： 复核： 出纳： 制单：

（四十）结转成本类账户

2019 年 12 月 31 日，根据上述相关分录编制结转成本类账户、税金及附加到本年利润账户的转账凭证（见表 41、表 42）。

表 41 损益类账户发生额 单位：元

账户名称	月份发生额
主营业务收入	
其他业务收入	
营业外收入	
主营业务成本	
销售费用	
税金及附加	
其他业务成本	
管理费用	
财务费用	
营业外支出	
所得税费用	

·183·

账户名称	月份发生额
资产减值损失	
公允价值变动损益	
投资收益	

表 42　转账凭证

年　　月　　日　　　　　　　　　　　　　　　　　凭证编号：

摘要	总账科目	明细科目	借方金额										贷方金额										记账符号
			千	百	十	万	千	百	十	元	角	分	千	百	十	万	千	百	十	元	角	分	
附件：　　张	合计																						

会计主管：　　　　　记账：　　　　　　复核：　　　　　　出纳：　　　　　　制单：

（四十一）所得税业务

2019 年 12 月 31 日，承（三十八）~（四十），编制 A 公司计提 12 月份应交所得税的转账凭证（所得税税率是 25%）（见表 43）。

表 43　转账凭证

年　　月　　日　　　　　　　　　　　　　　　　　凭证编号：

摘要	总账科目	明细科目	借方金额										贷方金额										记账符号
			千	百	十	万	千	百	十	元	角	分	千	百	十	万	千	百	十	元	角	分	
附件：　　张	合计																						

会计主管：　　　　　记账：　　　　　　复核：　　　　　　出纳：　　　　　　制单：

（四十二）结转所得税业务

2019 年 12 月 31 日，承（四十一），编制结转所得税费用到本年利润账户的转账凭证（见表 44）。

表 44　转账凭证

年　　月　　日　　　　　　　　　　　凭证编号：

摘要	总账科目	明细科目	借方金额										贷方金额										记账符号
			千	百	十	万	千	百	十	元	角	分	千	百	十	万	千	百	十	元	角	分	
附件：　张	合计																						

会计主管：　　　　记账：　　　　复核：　　　　出纳：　　　　制单：

（四十三）结转本年利润业务

2019 年 12 月 31 日，承（三十八）、（三十九）、（四十）、（四十二），编制将本年利润账户的余额转入"利润分配——未分配利润"账户的转账凭证（见表 45）。

表 45　转账凭证

年　　月　　日　　　　　　　　　　　凭证编号：

摘要	总账科目	明细科目	借方金额										贷方金额										记账符号
			千	百	十	万	千	百	十	元	角	分	千	百	十	万	千	百	十	元	角	分	
附件：　张	合计																						

会计主管：　　　　记账：　　　　复核：　　　　出纳：　　　　制单：

（四十四）编制科目汇总表

2019 年 12 月 31 日，A 公司根据上述有关分录编制本月的科目汇总表（见表 46）。

表 46　科目汇总表

2019 年 12 月 01 日至 12 月 31 日

会计科目	借方金额	贷方金额
库存现金		
银行存款		

会计科目	借方金额	贷方金额
其他货币资金		
应收账款		
其他应收款		
应收票据		
原材料		
库存商品		
固定资产		
累计折旧		
生产成本		
待处理财产损溢		
预付账款		
制造费用		
短期借款		
应付账款		
其他应付款		
应付职工薪酬		
应付票据		
应交税费		
实收资本		
资本公积		
盈余公积		
利润分配		
主营业务收入		
营业外收入		
主营业务成本		
税金及附加		
所得税费用		
管理费用		
销售费用		
财务费用		
本年利润		
合计		

（四十五）"库存现金"总账登账

2019 年 12 月初，A 公司库存现金总账（承前页）借方本年累计发生额为 1 016 960 元，贷方本年累计发生额为 1 016 041.80 元，期初借方余额为 1 790 元；2019 年 12 月 31 日，根据（四十四）编制的科目汇总表登记库存现金总账（为简化处理，登账时本年累计暂不处理，下同）（见表 47）。

表 47　库存现金总账

年		凭证号	摘要	页数	借方								贷方								借或贷	余额							
月	日				十万	千	百	十	元	角	分		十万	千	百	十	元	角	分			十万	千	百	十	元	角	分

（四十六）"银行存款"总账登账

2019 年 12 月初，A 公司银行存款总账（承前页）借方本年累计发生额为 3 086 571.83 元，贷方本年累计发生额为 3 155 701.11 元，期初借方余额为 165 000 元；2019 年 12 月 31 日，根据（四十四）编制的科目汇总表登记银行存款总账（见表 48）。

表 48　银行存款总账

年		凭证号	摘要	页数	借方								贷方								借或贷	余额							
月	日				十万	千	百	十	元	角	分		十万	千	百	十	元	角	分			十万	千	百	十	元	角	分

（四十七）"其他货币资金"总账登账

2019 年 12 月初，A 公司其他货币资金总账（承前页）借方本年累计发生额为 6 500 元，贷方本年累计发生额为 7 500 元，期初借方余额为 500 元；2019 年 12 月 31 日，根据（四十四）编制的科目汇总表登记其他货币资金总账（见表 49）。

（四十八）"应收账款"总账登账

2019 年 12 月初，A 公司应收账款总账（承前页）借方本年累计发生额为 387 400 元，贷方本年累计发生额为 470 000 元，期初借方余额为 88 000 元；2019 年 12 月 31 日，根据（四十四）编制的科目汇总表登记应收账款总账（见表 50）。

表49　其他货币资金总账

年		凭证号	摘要	页数	借方								贷方								借或贷	余额							
月	日				十	万	千	百	十	元	角	分	十	万	千	百	十	元	角	分		十	万	千	百	十	元	角	分

表50　应收账款总账

年		凭证号	摘要	页数	借方								贷方								借或贷	余额							
月	日				十	万	千	百	十	元	角	分	十	万	千	百	十	元	角	分		十	万	千	百	十	元	角	分

（四十九）"其他应收款"总账登账

2019年12月初，A公司其他应收款总账（承前页）借方本年累计发生额为28 680元，贷方本年累计发生额为32 720元，期初借方余额为1 550元；2019年12月31日，根据（四十四）编制的科目汇总表登记其他应收款总账（见表51）。

表51　其他应收款总账

年		凭证号	摘要	页数	借方								贷方								借或贷	余额							
月	日				十	万	千	百	十	元	角	分	十	万	千	百	十	元	角	分		十	万	千	百	十	元	角	分

（五十）"应收票据"总账登账

2019年12月初，A公司应收票据总账（承前页）借方本年累计发生额为120 000元，贷方本年累计发生额为125 000元，无期初余额；2019年12月31日，根据（四十四）编制的科目汇总表登记应收票据总账（见表52）。

表52　应收票据总账

年		凭证号	摘要	页数	借方								贷方								借或贷	余额							
月	日				十	万	千	百	十	元	角	分	十	万	千	百	十	元	角	分		十	万	千	百	十	元	角	分

（五十一）"原材料"总账登账

2019年12月初，A公司原材料总账（承前页）借方本年累计发生额为913 770.14元，贷方本年累计发生额为958 200元，期初借方余额为349 000元；2019年12月31日，根据（四十四）编制的科目汇总表登记原材料总账（见表53）。

表53　原材料总账

年		凭证号	摘要	页数	借方								贷方								借或贷	余额							
月	日				十	万	千	百	十	元	角	分	十	万	千	百	十	元	角	分		十	万	千	百	十	元	角	分

（五十二）"库存商品"总账登账

2019年12月初，A公司库存商品总账（承前页）借方本年累计发生额为379 060元，贷方本年累计发生额为377 000元，期初借方余额为50 000元；2019年12月31日，根据（四十四）编制的科目汇总表登记库存商品总账（见表54）。

表54　库存商品总账

年		凭证号	摘要	页数	借方								贷方								借或贷	余额							
月	日				十	万	千	百	十	元	角	分	十	万	千	百	十	元	角	分		十	万	千	百	十	元	角	分

（五十三）"固定资产"总账登账

2019年12月初，A公司固定资产总账（承前页）借方本年累计发生额为432 000元，期初借方余额为628 000元；2019年12月31日，根据（四十四）编制的科目汇总表登记固定资产总账（见表55）。

表 55　固定资产总账

年		凭证号	摘要	页数	借方								贷方								借或贷	余额							
月	日				十万	千	百	十	元	角	分	十万	千	百	十	元	角	分			十万	千	百	十	元	角	分		

（五十四）"累计折旧"总账登账

2019 年 12 月初，A 公司累计折旧总账（承前页）贷方本年累计发生额为 134 000 元，期初贷方余额为 230 000 元；2019 年 12 月 31 日，根据（四十四）编制的科目汇总表登记累计折旧总账（见表 56）。

表 56　累计折旧总账

年		凭证号	摘要	页数	借方							贷方							借或贷	余额						
月	日				十万	千	百	十	元	角	分	十万	千	百	十	元	角	分		十万	千	百	十	元	角	分

（五十五）"生产成本"总账登账

2019 年 12 月初，A 公司生产成本总账（承前页）借方本年累计发生额为 3 887 728.68 元，贷方本年累计发生额为 4 023 658.34 元，期初借方余额为 39 000 元；2019 年 12 月 31 日，根据（四十四）编制的科目汇总表登记生产成本总账（见表 57）。

表 57　生产成本总账

年		凭证号	摘要	页数	借方							贷方							借或贷	余额						
月	日				十万	千	百	十	元	角	分	十万	千	百	十	元	角	分		十万	千	百	十	元	角	分

（五十六）"待处理财产损溢"总账登账

2019 年 12 月初，A 公司待处理财产损溢总账（承前页）借方本年累计发生额为 2 000 元，贷方本年累计发生额为 2 600 元，期初借方余额为 580 元；2019 年 12 月 31 日，根据（四十四）编制的科目汇总表登记待处理财产损溢总账（见表 58）。

表 58 待处理财产损溢总账

年		凭证号	摘要	页数	借方								贷方								借或贷	余额							
月	日				十万	千	百	十	元	角	分		十万	千	百	十	元	角	分			十万	千	百	十	元	角	分

（五十七）"预付账款"总账登账

2019 年 12 月初，A 公司预付账款总账（承前页）借方本年累计发生额为 4 000 元，期初借方余额为 257 500 元；2019 年 12 月 31 日，根据（四十四）编制的科目汇总表登记预付账款总账（见表 59）。

表 59 预付账款总账

年		凭证号	摘要	页数	借方								贷方								借或贷	余额							
月	日				十万	千	百	十	元	角	分		十万	千	百	十	元	角	分			十万	千	百	十	元	角	分

（五十八）"制造费用"总账登账

2019 年 12 月初，A 公司制造费用总账（承前页）借方本年累计发生额为 645 955.76 元，贷方本年累计发生额为 645 955.76 元，无期初余额；2019 年 12 月 31 日，根据（四十四）编制的科目汇总表登记制造费用总账（见表 60）。

（五十九）"短期借款"总账登账

2019 年 12 月初，A 公司短期借款总账（承前页）借方本年累计发生额为 421 000 元，贷方本年累计发生额为 96 000 元，期初贷方余额为 41 000 元；2019 年 12 月 31 日，根据（四十四）编制的科目汇总表登记短期借款总账（见表 61）。

表 60 制造费用总账

年		凭证号	摘要	页数	借方								贷方								借或贷	余额							
月	日				十万	千	百	十	元	角	分		十万	千	百	十	元	角	分			十万	千	百	十	元	角	分

表 61　短期借款总账

年		凭证号	摘要	页数	借方								贷方								借或贷	余额							
月	日				十	万	千	百	十	元	角	分	十	万	千	百	十	元	角	分		十	万	千	百	十	元	角	分

（六十）"应付账款"总账登账

2019 年 12 月初，南宁化工有限公司应付账款总账（承前页）借方本年累计发生额为 135 000 元，贷方本年累计发生额为 106 900 元，期初贷方余额为 16 000 元；2019 年 12 月 31 日，根据（四十四）编制的科目汇总表登记应付账款总账（见表 62）。

表 62　应付账款总账

年		凭证号	摘要	页数	借方								贷方								借或贷	余额							
月	日				十	万	千	百	十	元	角	分	十	万	千	百	十	元	角	分		十	万	千	百	十	元	角	分

（六十一）"其他应付款"总账登账

2019 年 12 月初，A 公司其他应收款总账（承前页）借方本年累计发生额为 5 000 元，贷方本年累计发生额为 4 200 元，期初贷方余额为 750 元；2019 年 12 月 31 日，根据（四十四）编制的科目汇总表登记其他应付款总账（见表 63）。

表 63　其他应付款总账

年		凭证号	摘要	页数	借方								贷方								借或贷	余额							
月	日				十	万	千	百	十	元	角	分	十	万	千	百	十	元	角	分		十	万	千	百	十	元	角	分

（六十二）"应付职工薪酬"总账登账

2019 年 12 月初，A 公司应付职工薪酬总账（承前页）借方本年累计发生额为 1 020 000 元，贷方本年累计发生额为 1 029 548.40 元，期初贷方余额为 97 000 元；2019 年 12 月 31 日，根据（四十四）编制的科目汇总表登记应付职工薪酬总账（见表 64）。

表64　应付职工薪酬总账

年		凭证号	摘要	页数	借方								贷方								借或贷	余额							
月	日				十	万	千	百	十	元	角	分	十	万	千	百	十	元	角	分		十	万	千	百	十	元	角	分

（六十三）"应付票据"总账登账

2019年12月初，A公司应付票据总账（承前页）借方本年累计发生额为34 500元，贷方本年累计发生额为30 000元，期初贷方余额为5 220元；2019年12月31日，根据（四十四）编制的科目汇总表登记应付票据总账（见表65）。

表65　应付票据总账

年		凭证号	摘要	页数	借方								贷方								借或贷	余额							
月	日				十	万	千	百	十	元	角	分	十	万	千	百	十	元	角	分		十	万	千	百	十	元	角	分

（六十四）"应交税费"总账登账

2019年12月初，A公司应交税费总账（承前页）借方本年累计发生额为324 600.97元，贷方本年累计发生额为246 581.97元，期初贷方余额为39 650元；2019年12月31日，根据（四十四）编制的科目汇总表登记应交税费总账（见表66）。

表66　应交税费总账

年		凭证号	摘要	页数	借方								贷方								借或贷	余额							
月	日				十	万	千	百	十	元	角	分	十	万	千	百	十	元	角	分		十	万	千	百	十	元	角	分

（六十五）"实收资本"总账登账

2019年12月初，A公司实收资本总账（承前页）贷方本年累计发生额为171 000元，期初贷方余额为571 000元；2019年12月31日，根据（四十四）编制的科目汇总表登记实收资本总账（见表67）。

表 67　实收资本总账

总　账

年		凭证号	摘要	页数	借方								贷方								借或贷	余额							
月	日				十	万	千	百	十	元	角	分	十	万	千	百	十	元	角	分		十	万	千	百	十	元	角	分

（六十六）"资本公积"总账登账

2019 年 12 月初，A 公司资本公积总账（承前页）贷方本年累计发生额为 169 000 元，期初贷方余额为 218 000 元；2019 年 12 月 31 日，根据（四十四）编制的科目汇总表登记资本公积总账（见表 68）。

表 68　资本公积总账

年		凭证号	摘要	页数	借方								贷方								借或贷	余额							
月	日				十	万	千	百	十	元	角	分	十	万	千	百	十	元	角	分		十	万	千	百	十	元	角	分

（六十七）"盈余公积"总账登账

2019 年 12 月初，A 公司盈余公积上年末贷方余额为 300 000 元；假设年初忘记结转，请补登盈余公积总账（见表 69）。

表 69　盈余公积总账

年		凭证号	摘要	页数	借方								贷方								借或贷	余额							
月	日				十	万	千	百	十	元	角	分	十	万	千	百	十	元	角	分		十	万	千	百	十	元	角	分

（六十八）"利润分配"总账登账

2019 年 12 月初，A 公司利润分配总账（承前页）贷方本年累计发生额为 50 300 元，期初贷方余额为 62 300 元；2019 年 12 月 31 日，根据（四十四）编制的科目汇总表登记利润分配总账（见表 70）。

表 70 利润分配总账

年		凭证号	摘要	页数	借方								贷方								借或贷	余额							
月	日				十	万	千	百	十	元	角	分	十	万	千	百	十	元	角	分		十	万	千	百	十	元	角	分

（六十九）"主营业务收入"总账登账

2019 年 12 月初，A 公司主营业务收入总账（承前页）借方本年累计发生额为 1 005 000 元，贷方本年累计发生额为 1 005 000 元，无期初余额；2019 年 12 月 31 日，根据（四十四）编制的科目汇总表登记主营业务收入总账（见表 71）。

表 71 主营业务收入总账

年		凭证号	摘要	页数	借方								贷方								借或贷	余额							
月	日				十	万	千	百	十	元	角	分	十	万	千	百	十	元	角	分		十	万	千	百	十	元	角	分

（七十）"营业外收入"总账登账

2019 年 12 月初，A 公司营业外收入总账（承前页）借方本年累计发生额为 31 600 元，贷方本年累计发生额为 31 600 元，无期初余额；2019 年 12 月 31 日，根据（四十四）编制的科目汇总表登记营业外收入总账（见表 72）。

表 72 营业外收入总账

年		凭证号	摘要	页数	借方								贷方								借或贷	余额							
月	日				十	万	千	百	十	元	角	分	十	万	千	百	十	元	角	分		十	万	千	百	十	元	角	分

（七十一）"主营业务成本"总账登账

2019 年 12 月初，A 公司主营业务成本总账（承前页）借方本年累计发生额为 496 000 元，贷方本年累计发生额为 496 000 元，无期初余额；2019 年 12 月 31 日，根据（四十四）编制的科目汇总表登记主营业务成本总账（见表 73）。

表73 主营业务成本总账

年		凭证号	摘要	页数	借方								贷方								借或贷	余额							
月	日				十	万	千	百	十	元	角	分	十	万	千	百	十	元	角	分		十	万	千	百	十	元	角	分

（七十二）"税金及附加"总账登账

2019年12月初，A公司税金及附加总账（承前页）借方本年累计发生额为2 300.97元，贷方本年累计发生额为2 300.97元，无期初余额；2019年12月31日，根据（四十四）编制的科目汇总表登记税金及附加总账（见表74）。

表74 税金及附加总账

年		凭证号	摘要	页数	借方								贷方								借或贷	余额							
月	日				十	万	千	百	十	元	角	分	十	万	千	百	十	元	角	分		十	万	千	百	十	元	角	分

（七十三）"所得税费用"总账登账

2019年12月初，A公司所得税费用总账（承前页）借方本年累计发生额为79 681元，贷方本年累计发生额为79 681元，无期初余额；2019年12月31日，根据（四十四）编制的科目汇总表登记所得税费用总账（见表75）。

表75 所得税费用总账

年		凭证号	摘要	页数	借方								贷方								借或贷	余额							
月	日				十	万	千	百	十	元	角	分	十	万	千	百	十	元	角	分		十	万	千	百	十	元	角	分

（七十四）"管理费用"总账登账

2019年12月初，A公司管理费用总账（承前页）借方本年累计发生额为149 487元，贷方本年累计发生额149 487元，无期初余额；2019年12月31日，根据（四十四）编制的科目汇总表登记管理费用总账（见表76）。

表76　管理费用总账

年		凭证号	摘要	页数	借方								贷方								借或贷	余额							
月	日				十万	千	百	十	元	角	分	十万	千	百	十	元	角	分		十万	千	百	十	元	角	分		

（七十五）"销售费用"总账登账

2019年12月初，A公司销售费用总账（承前页）借方本年累计发生额为59 360元，贷方本年累计发生额为59 360元，无期初余额；2019年12月31日，根据（四十四）编制的科目汇总表登记销售费用总账（见表77）。

表77　销售费用总账

年		凭证号	摘要	页数	借方								贷方								借或贷	余额							
月	日				十万	千	百	十	元	角	分	十万	千	百	十	元	角	分		十万	千	百	十	元	角	分		

（七十六）"财务费用"总账登账

2019年12月初，A公司财务费用总账（承前页）借方本年累计发生额为24 700元，贷方本年累计发生额为24 700元，无期初余额；2019年12月31日，根据（四十四）编制的科目汇总表登记财务费用总账（见表78）。

表78　财务费用总账

年		凭证号	摘要	页数	借方								贷方								借或贷	余额							
月	日				十万	千	百	十	元	角	分	十万	千	百	十	元	角	分		十万	千	百	十	元	角	分		

（七十七）"本年利润"总账登账

2019年12月初，A公司本年利润总账（承前页）借方本年累计发生额为1 032 200元，贷方本年累计发生额为1 032 200元，无期初余额；2019年12月31日，根据（四十四）编制的科目汇总表登记本年利润总账（见表79）。

表 79　本年利润总账

年		凭证号	摘要	页数	借方								贷方								借或贷	余额							
月	日				十万	千	百	十	元	角	分		十万	千	百	十	元	角	分			十万	千	百	十	元	角	分	

（七十八）"库存现金"日记账登账及结账处理

2019 年 12 月，根据所填制的记账凭证登记库存现金日记账并进行月结处理［库存现金（承前页）借方累计发生额为 1 016 960 元，贷方累计发生额为 1 016 041.80 元，期初余额为借方 1 790 元］（见表 80）。

表 80　库存现金日记账

年		凭证号	摘要	对方科目	借方								贷方								借或贷	余额							
月	日				十万	千	百	十	元	角	分		十万	千	百	十	元	角	分			十万	千	百	十	元	角	分	

（七十九）"银行存款"日记账登账及结账处理

2019 年 12 月份，根据所填制的记账凭证登记银行存款日记账并进行月结、年结处理［银行存款（承前页）借方累计发生额为 3 086 571.83 元，贷方累计发生额为 3 155 701.11 元，期初余额为借方 165 000 元］（见表 81）。

表 81　银行存款日记账

年		凭证号	摘要	结算凭证		借方								贷方								借或贷	余额							
月	日			种类	编号	十万	千	百	十	元	角	分		十万	千	百	十	元	角	分			十万	千	百	十	元	角	分	

（八十）"原材料"明细账登账

2016 年 12 月份，根据本期发生的经济业务登记"原材料——丙酮"数量金额式明细账（见表 82），并进行月结、年结处理。已知丙酮（承前页）收入：本年累计发生额为 5 169.402 8 千克，单价为 56 元/千克，总价为 289 486.556 8 元；发出：本年累计发生额为 14 090 千克，单价为 56 元/千克，总价为 789 040 元；期初结存额为 5 200 千克，单价为 56 元/千克，总价为 291 200 元。

表 82　原材料明细账

材料类别：　　　　　　　　　　　　　　　　　　　　　　　　　存放仓库：

品名和规格：　　　　　　　　　　　计量单位：　　　　　　　　　编号：

年		凭证号数	摘要	收入			发出			结存		
月	日			数量	单价	金额	数量	单价	金额	数量	单价	金额

（八十一）"应收账款"明细账登账及结账处理

2019 年 12 月份，根据本期发生的经济业务登记"应收账款——氨纶股份"明细账并进行月结、年结处理（见表 83）。已知"应收账款——氨纶股份"账户（承前页）借方本年累计发生额为 102 500 元，贷方本年累计发生额为 114 700 元，期初余额为借方 6 000 元。

表 83　应收账款明细账

年		凭证号	摘要	页数	借方								贷方								借或贷	余额							
月	日				十	万	千	百	十	元	角	分	十	万	千	百	十	元	角	分		十	万	千	百	十	元	角	分

（八十二）"管理费用"明细账登账

2019 年 12 月份，根据所填制的记账凭证登记管理费用多栏式明细账，并进行月结、年结处理（见表 84）。（注：这里还有一个多栏式的管理费用明细账）

表 84　管理费用明细账

年		凭证		摘要	借方	贷方	余额	通信费	招待费	办公费	差旅费	福利费	交通费	停车费	房租及物业费	五险一金	工资及	折旧费	商品
月	日	字	号																

续表

年		凭证		摘要	借方	贷方	余额	通信费	招待费	办公费	差旅费	福利费	交通费	停车费	房租及物业费	五险一金	工资及	折旧费	商品
月	日	字	号																

（八十三）资产负债表的编制

根据总账及明细账编制 A 公司 2019 年 12 月份的资产负债表（见表 86）。资产负债表年初数据如表 85 所示。

表 85　资产负债表年初数据　　　　　　　　　　单位：元

会计科目	年初数	会计科目	年初数
库存现金	871.80	短期借款	366 000.00
银行存款	234 129.28	应付账款	44 100.00
其他货币资金	1 500.00	其他应付款	1 550.00
应收账款	170 600.00	应付职工薪酬	87 451.60
其他应收款	5 590.00	应付票据	9 720.00
应收票据	5 000.00	应交税费	117 669.00
原材料	393 429.86	实收资本	400 000.00
库存商品	47 940.00	资本公积	49 000.00
生产成本	174 929.66	盈余公积	300 000.00
固定资产	196 000.00	利润分配	12 000.00
累计折旧	96 000.00		
预付款项	253 500.00		
合计	1 387 490.60	合计	1 387 490.60

表 86　资产负债表　　　　　　　　　　会企 01

编制单位：　　　　　　　　　　　　　　年　　月　　　　　　　　　　　　单位：元

资产	行次	期末余额	年初余额	负债和股东权益	行次	期末余额	年初余额
流动资产：				流动负债：			
货币资金				短期借款			
以公允价值计量且其变动计入当期损益的金融资产				以公允价值计量且其变动计入当期损益的金融负债			

资产	行次	期末余额	年初余额	负债和股东权益	行次	期末余额	年初余额
应收票据				应付票据			
应收账款				应付账款			
预付款项				预收款项			
应收利息				应付职工薪酬			
应收股利				应交税费			
其他应收款				应付利息			
存货				应付股利			
一年内到期的非流动资产				其他应付款			
其他流动资产				一年内到期的非流动负债			
流动资产合计				其他流动负债			
非流动资产：				流动负债合计			
可供出售金融资产				非流动负债：			
持有至到期投资				长期借款			
长期应收款				应付债券			
长期股权投资				长期应付款			
投资性房地产				专项应付款			
固定资产				预计负债			
在建工程				递延收益			
工程物资				递延所得税负债			
固定资产清理				其他非流动负债			
生产性生物资产				非流动负债合计			
无形资产				负债合计			
开发支出				所有者权益（或股东权益）：			
商誉				实收资本（或股本）			
长期待摊费用				资本公积			
递延所得税资产				减：库存股			
其他非流动资产				其他综合收益			
非流动资产合计				盈余公积			
				未分配利润			
				所有者权益（或股东权益）合计			
资产总计				负债和所有者权益（或股东权益）总计			

（八十四）利润表的编制

根据总账及明细账编制 A 公司 2019 年 12 月份的利润表（见表87）。

表87　利润表　　　　　　　　　　　　　　会企02表

编制单位：　　　　　　　　　　　　　　年　　月　　　　　　　　　　　　单位：元

项　　目	行次	本期金额	上期金额
一、营业收入			
减：营业成本			
税金及附加			
销售费用			
管理费用			
财务费用			
资产减值损失			
加：公允价值变动收益（损失以"－"号填列）			
投资收益（损失以"－"号填列）			
其中：对联营企业和合营企业的投资收益			
二、营业利润（亏损以"－"号填列）			
加：营业外收入			
减：营业外支出			
其中：非流动资产处置损失			
三、利润总额（亏损总额以"－"号填列）			
减：所得税费用			
四、净利润（净亏损以"－"号填列）			
五、每股收益：			
（一）基本每股收益			
（二）稀释每股收益			
六、其他综合收益			
七、综合收益总额			

参 考 文 献

［1］财政部．中华人民共和国会计法［M］．2017．

［2］财政部．会计基础工作规范［M］．2019．

［3］石雄飞，李文成．会计学基础［M］．成都：西南财经大学出版社，2017．